学研 毎日のドリル

できたよ★シート

べんきょうが おわった ページの ばんごうに
「できたよシール」を はろう!

なまえ

1 2 3 4 5

10 9 8 7 6

11 12 13 14 15

20 19 18 17 16

＼かくにんテスト／

21 22 23 24 25 26

31 30 29 28 27

32 33 34 35 36 37

＼かくにんテスト／

41 40 38

JN021139

やりきれるから自信がつく！

1日1枚の勉強で，学習習慣が定着！

◎目標時間に合わせ，無理のない量の問題数で構成されているので，「1日1枚」やりきることができます。

◎解説が丁寧なので，まだ学校で習っていない内容でも勉強を進めることができます。

すべての学習の土台となる「基礎力」が身につく！

◎スモールステップで構成され，1冊の中でも繰り返し練習していくので，確実に「基礎力」を身につけることができます。「基礎」が身につくことで，発展的な内容に進むことができるのです。

◎教科書の学習ポイントをおさえられ，言葉の力や表現力も身につけられます。

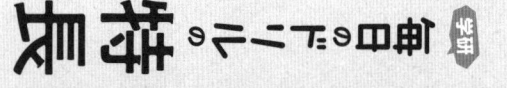

勉強管理アプリの活用で，楽しく勉強できる！

◎設定した勉強時間にアラームが鳴るので，学習習慣がしっかりと身につきます。

◎時間や点数などを登録していくと，成績がグラフ化されたり，賞状をもらえたりするので，達成感を得られます。

◎勉強をがんばると，キャラクターとコミュニケーションを取ることができるので，日々のモチベーションが上がります。

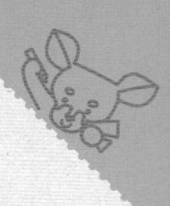

学研

毎日のドリルの使い方

1 1日1枚、集中して解きましょう。

◎ **1回分は、1枚（表と裏）です。**

1枚ずつはがして使うこともできます。

◎ **目標時間を意識して解きましょう。**

アプリのストップウォッチなどで、かかった時間を計るとよいでしょう。

・「かくにんテスト」　ここまでの内容が身についたかを確認しましょう。

2 おうちの方に、答え合わせをしてもらいましょう。

・本の最後に、「答えとアドバイス」があります。

・答え合わせをして、点数をつけてもらいましょう。

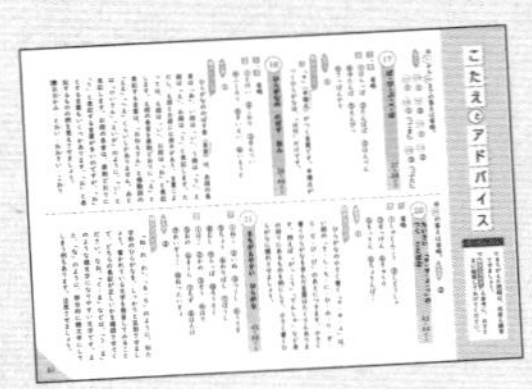

3 「できたよシート」に、「できたよシール」をはりましょう。

・勉強した回の番号に、好きなシールをはりましょう。

4 アプリに得点を登録しましょう。

・アプリに得点を登録すると、成績がグラフ化されます。

・勉強すると、キャラクターが育ちます。

※本書では、一般的な教育用の書体を使用しています。字形の細かい点について、お使いの教科書と異なる場合がありますので、ご了承ください。

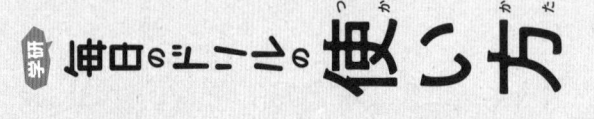

無料ダウンロード

毎日のドリル
勉強管理アプリ

アプリといっしょだと，ドリルが楽しく進む!?

毎日のドリル 勉強管理アプリ

「毎日のドリル」シリーズ専用，スマートフォン・タブレットで使える無料アプリです。
1つのアプリでシリーズすべてを管理でき，学習習慣が楽しく身につきます。

1 「毎日のドリル」の学習を徹底サポート！

毎日の勉強タイムをお知らせする
「タイマー」

かかった時間を計る
「ストップウォッチ」

勉強した日を記録する
「カレンダー」

入力した得点を
「グラフ化」

2 キャラクターと楽しく学べる！

好きなキャラクターを選ぶことができます。勉強をがんばるとキャラクターが育ち，「ひみつ」や「ワザ」が増えます。

3 1冊終わると，ごほうびがもらえる！

ドリルが1冊終わるごとに，賞状やメダル，称号がもらえます。

4 漢字と英単語のゲームにチャレンジ！

ゲームで，どこでも手軽に，楽しく勉強できます。漢字は学年別，英単語はレベル別に構成されており，ドリルで勉強した内容の確認にもなります。

アプリの無料ダウンロードはこちらから！
https://gakken-ep.jp/extra/maidori/

【推奨環境】
■ 各種Android端末：対応OS Android6.0以上　※対応OSであっても，Intel CPU（x86 Atom）搭載の端末では正しく動作しない場合があります。
■ 各種iOS（iPadOS）端末：対応OS iOS10以上　※対応OS や対応機種については，各ストアでご確認ください。
※お客様のネット環境および携帯端末によりアプリをご利用できない場合，当社は責任を負いかねます。
また，事前の予告なく，サービスの提供を中止する場合があります。ご理解，ご了承いただきますよう，お願いいたします。

1 ひらがなを　よもう①

1 「あいうえお」、「かきくけこ」が　つく　ことばを　よみましょう。

ぜんぶ よめて【50てん】

あ
あし
あり

い
いす
いぬ

う
うま
うさぎ

え
えき
えり

お
おに
おりがみ

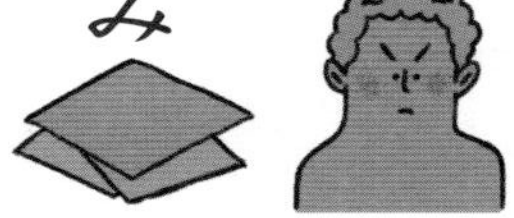

か
かい
かがみ

き
きりん
きのぼり

く
くり
くるみ

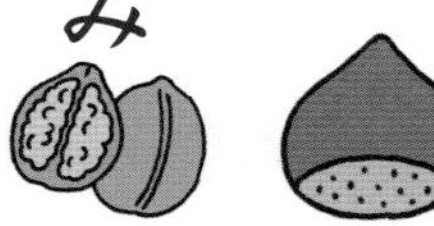

け
けいと
けむし

こ
こま
こだいこ

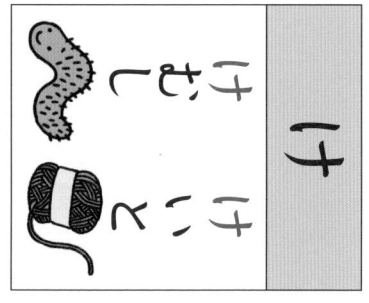

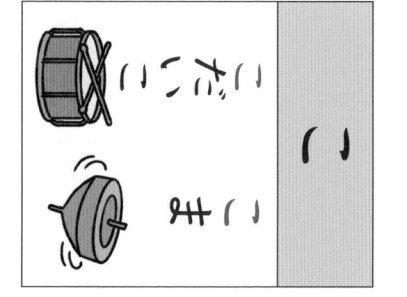

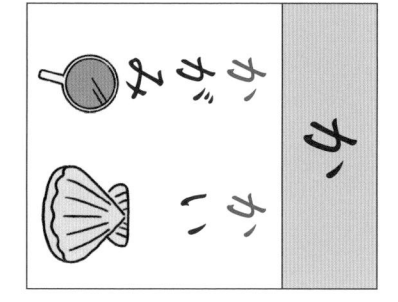

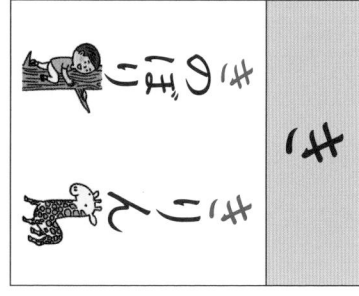

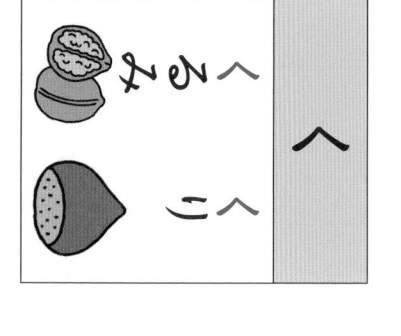

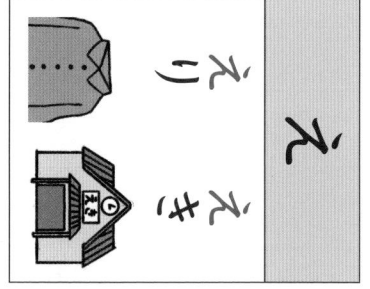

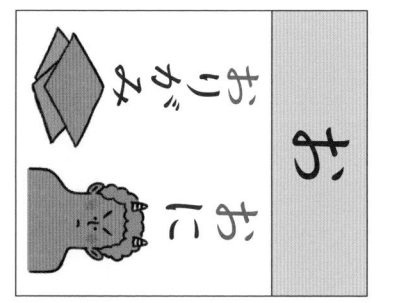

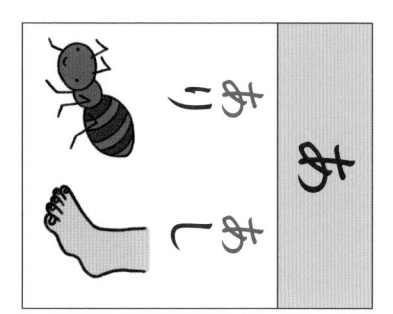

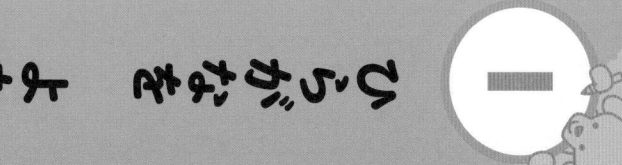

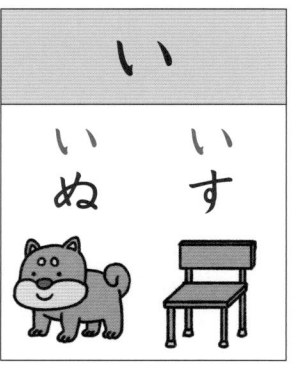

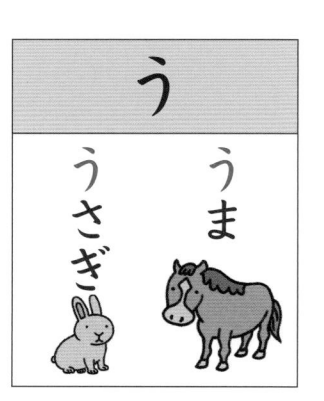

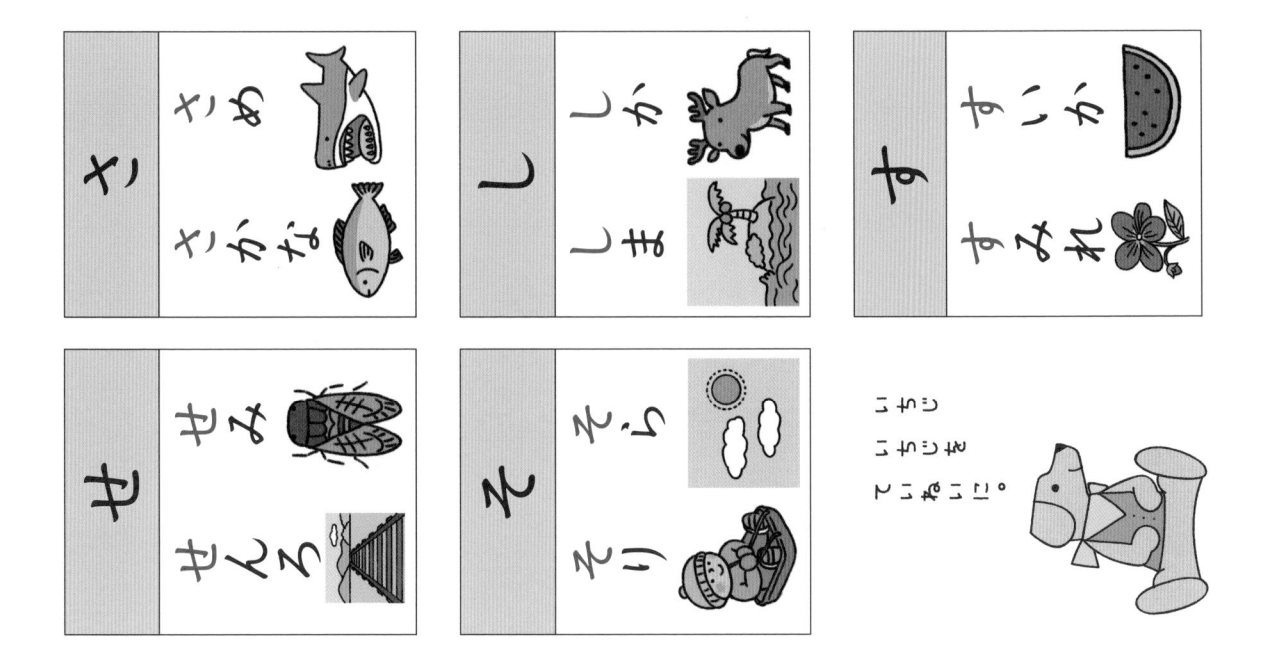

2 「さしすせそ」、「たちつてと」が つく ことばを よみましょう。

ぜんぶ よめて【50てん】

さ

さめ

さかな

し

しか

しま

す

すいか
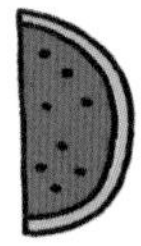

すみれ

せ

せみ

せんろ

そ

そら
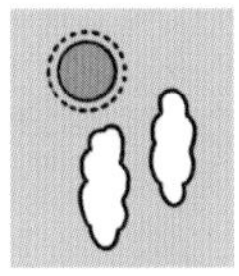

そり

いちじ いちじを ていねいに。

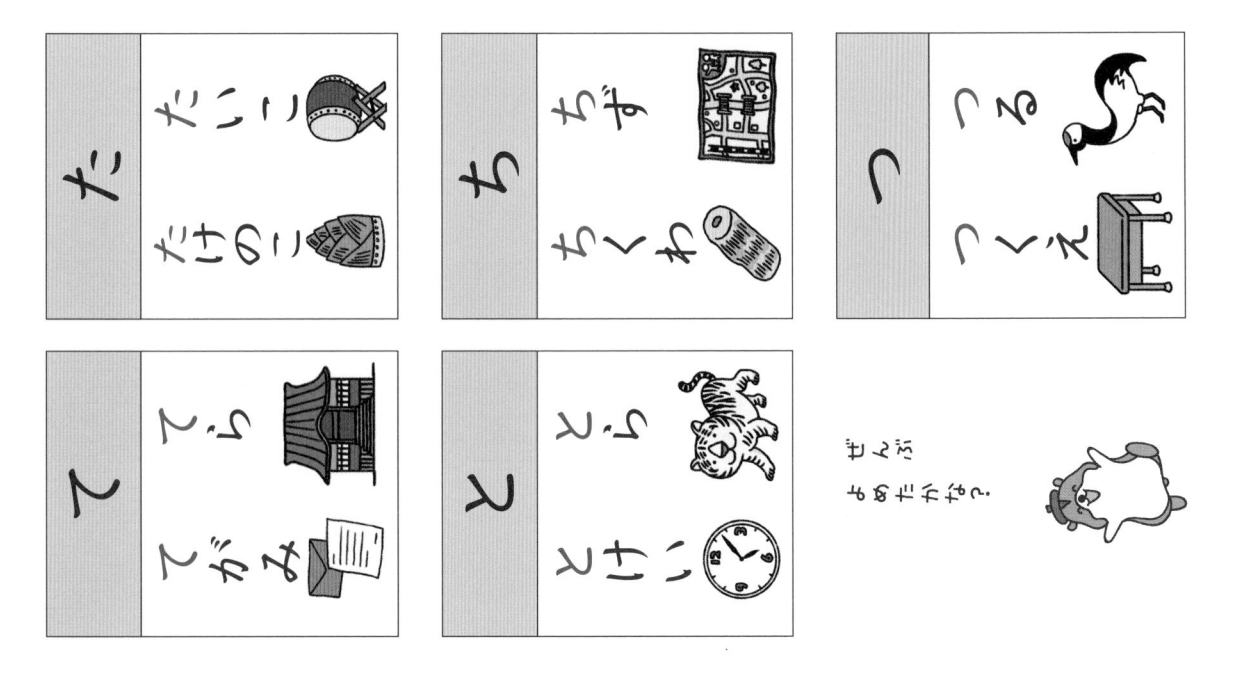

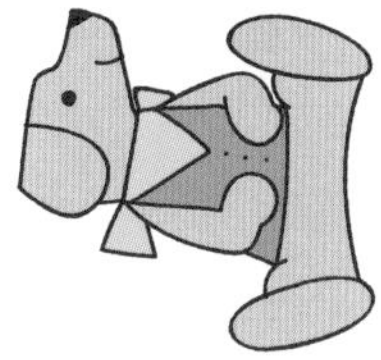

た

たいこ

たけのこ

ち

ちず

ちくわ
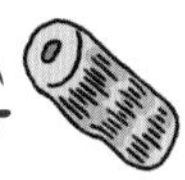

つ

つる

つくえ

て

てら
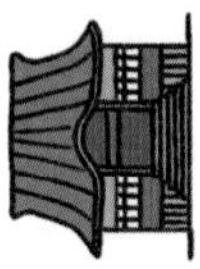

てがみ

と

とら

とけい

ぜんぶ よめたかな?

ことば

【「あいうえお」が ことばの あたまに つく ぶん】

あさから いっぷん うんどうして えんそくに おでかけ。

2 ひらがなを　よもう②

もくひょう 10ぷん

がつ　にち

とくてん　てん

1 「なにぬねの」、「はひふへほ」が　つく　ことばを　よみましょう。

ぜんぶ よめて【50てん】

な
なし　なべ

に
にく　にじ

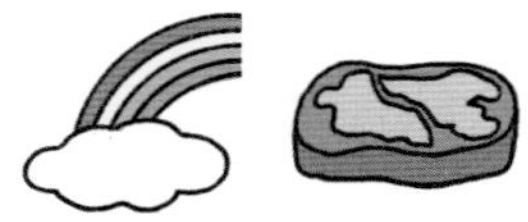

ぬ
ぬの　ぬりえ

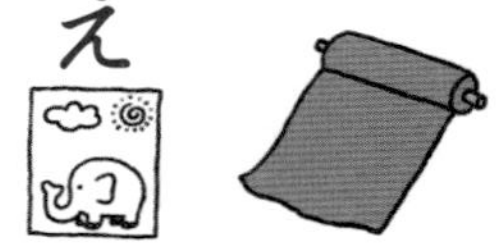

ね
ねこ　ねんど

の
のり　のはら

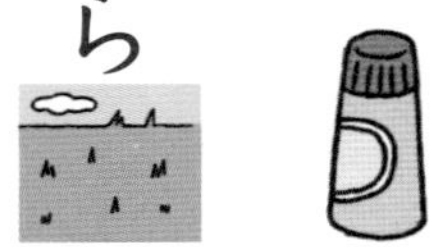

きょうも がんばろう！

は
はな　はさみ

ひ
ひも　ひよこ

ふ
ふね　ふくろ

へ
へび　へちま

ほ
ほし　ほたる

ひらがなは、ここまでで だいたい はんぶん。

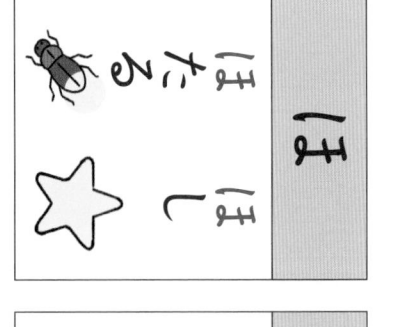

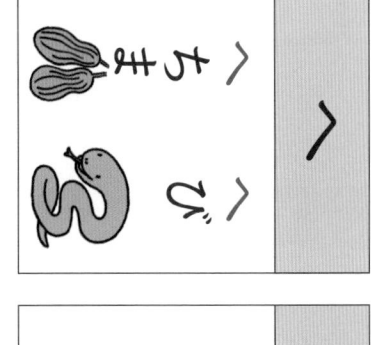

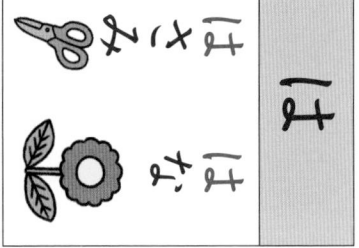

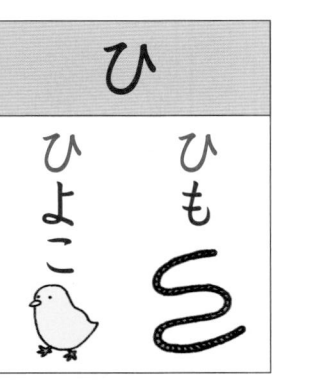

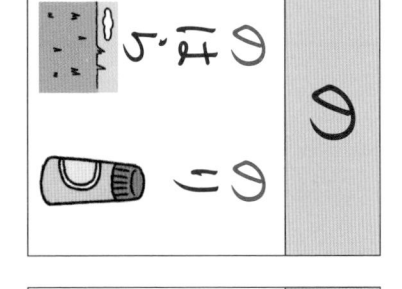

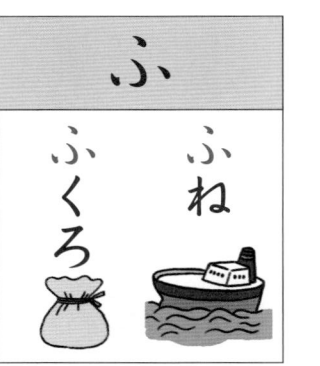

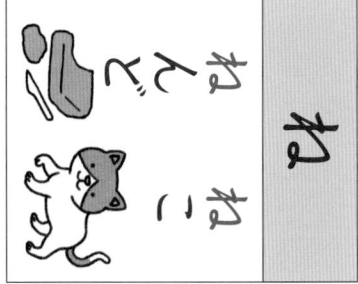

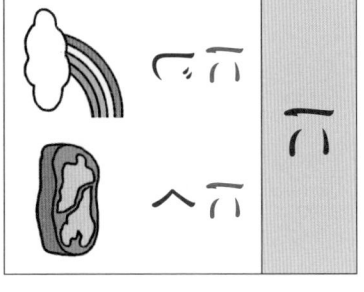

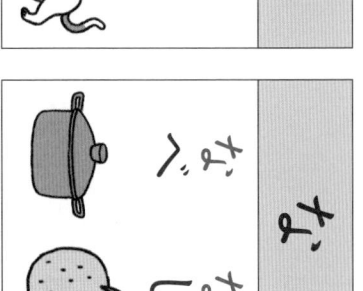

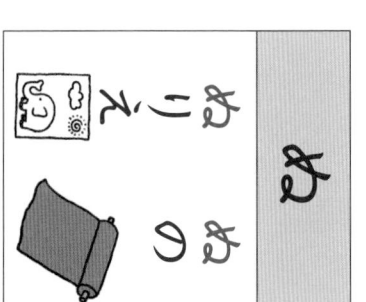

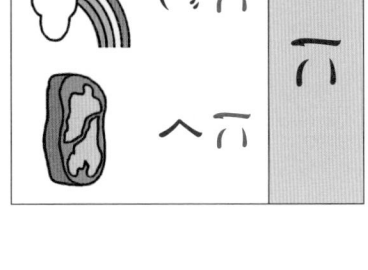

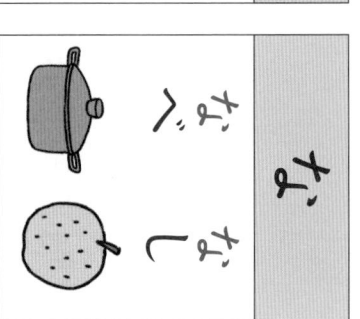

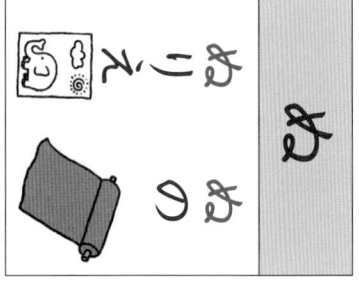

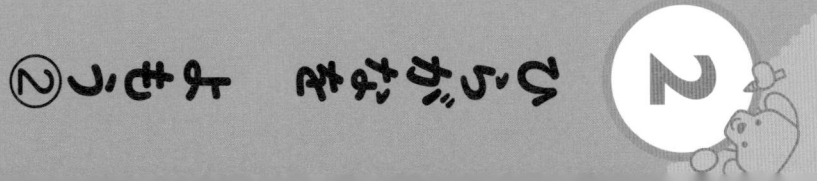

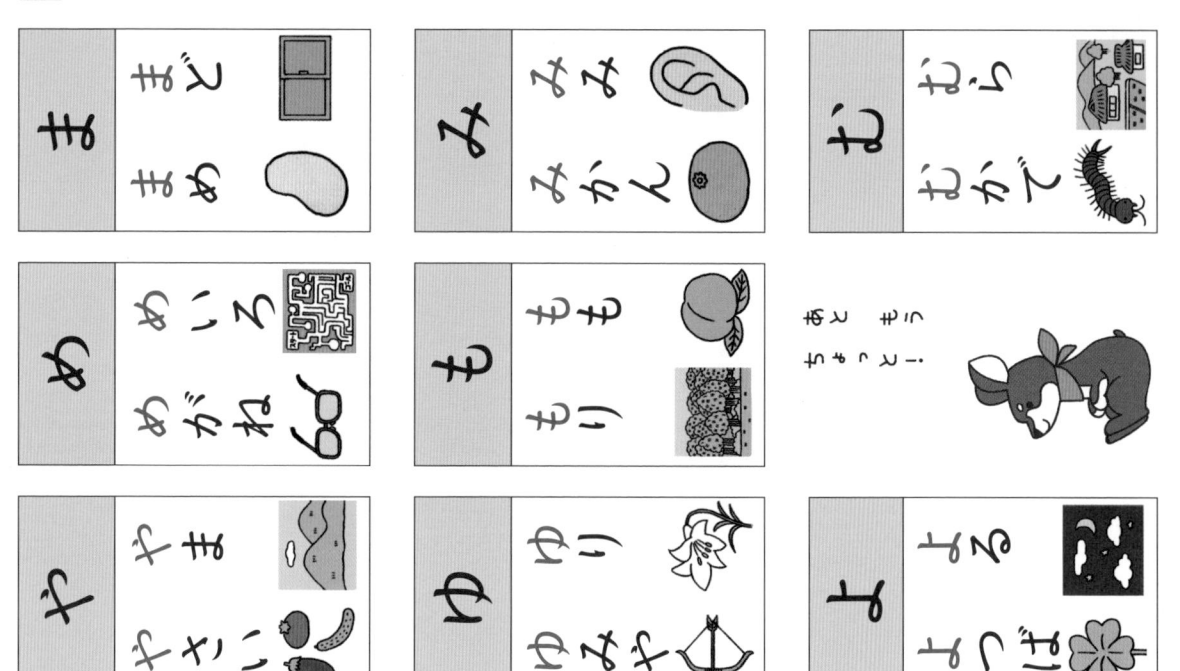

2 「まみむめも」、「やゆよ」が つく ことばを よみましょう。 ぜんぶ よめて【25てん】

ま
まど
まめ
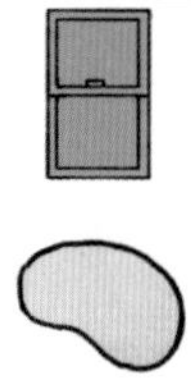

み
みみ
みかん
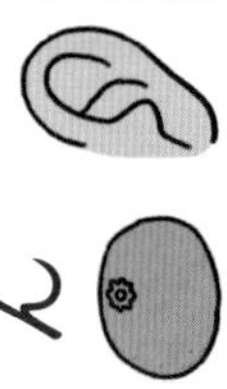

む
むら
むかで
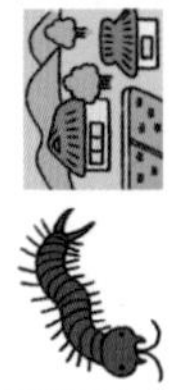

め
めいろ
めがね
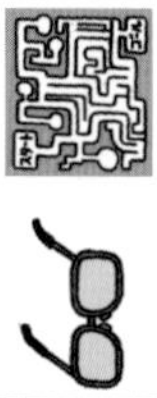

も
もも
もり
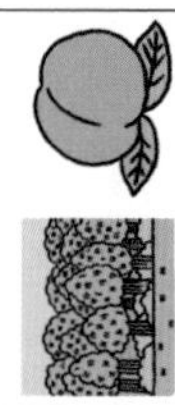

や
やま
やさい
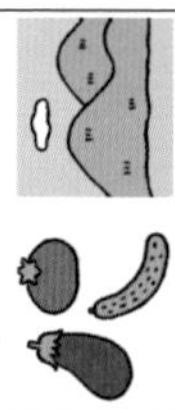

ゆ
ゆり
ゆみや

よ
よる
よつば

3 「らりるれろ」、「わをん」が つく ことばを よみましょう。 ぜんぶ よめて【25てん】

ら
らくだ
らっぱ

り
りす
りんご
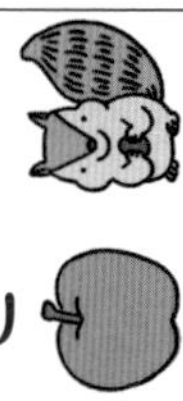

る
るすばん
さる

れ
れつ
れんが

ろ
ろば
ろうか

わ
わに
わかめ
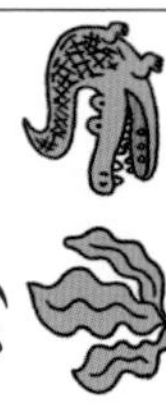

を
じを かく
ほんを よむ

ん
ほん
でんわ

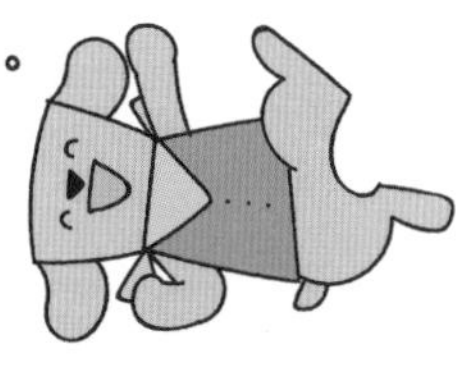

【「かきくけこ」が ことばの あたまに つく ぶん】
かいがらを きつねが くつで けったら ころがった。

3 ひらがなを　かこう
つ・く・し

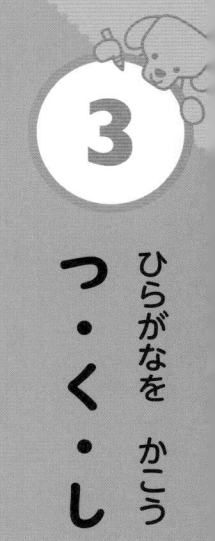

もくひょう 10ぷん

がつ　にち

とくてん　　てん

ゆびで　なぞりましょう。

うすい　じを　なぞってから　かきましょう。

ぜんぶ　かけて【30てん】

つ　まげる　はらう

かきじゅん　つ

ことばを　よもう

つる

つくえ

つくしんぼ

く　とめる

かきじゅん　く

ことばを　よもう

くも

くり

くるみ

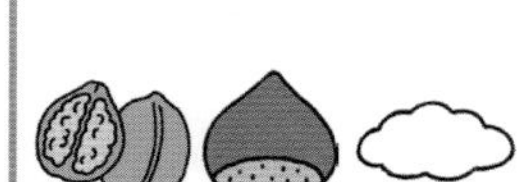

し　まげる　はらう

かきじゅん　し

ことばを　よもう

しか

しま

しおり

【えんぴつの　もちかたを　おぼえましょう。】

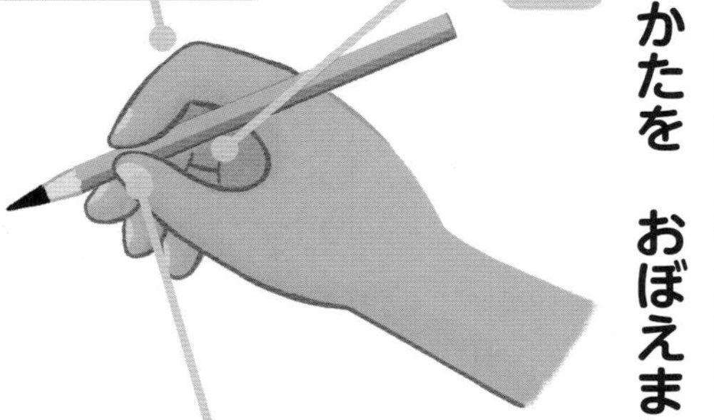

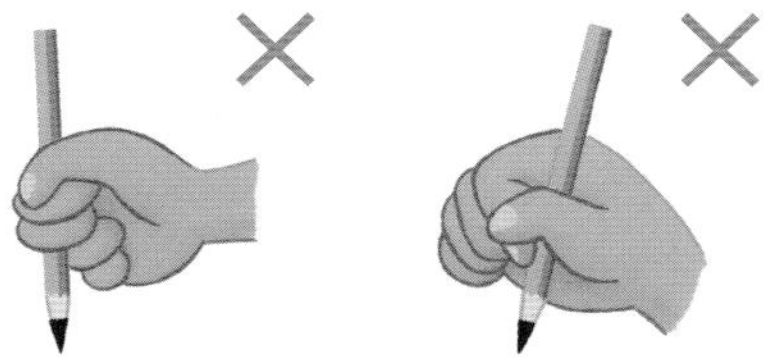

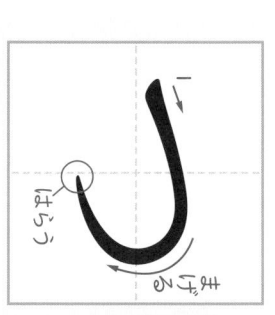

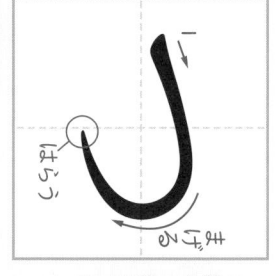

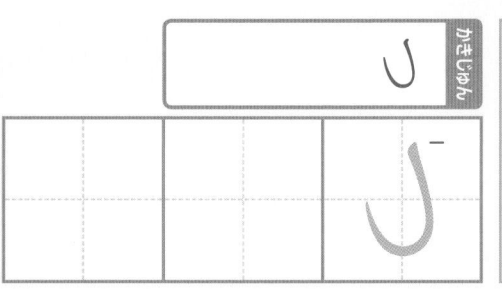

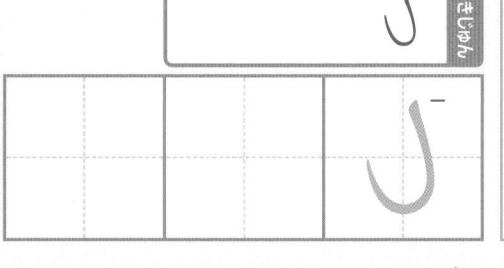

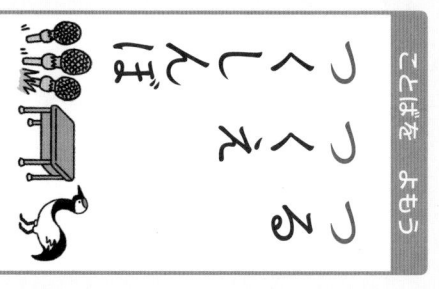

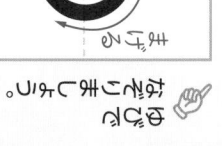

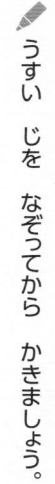

えを みて、□に あう じを かきましょう。

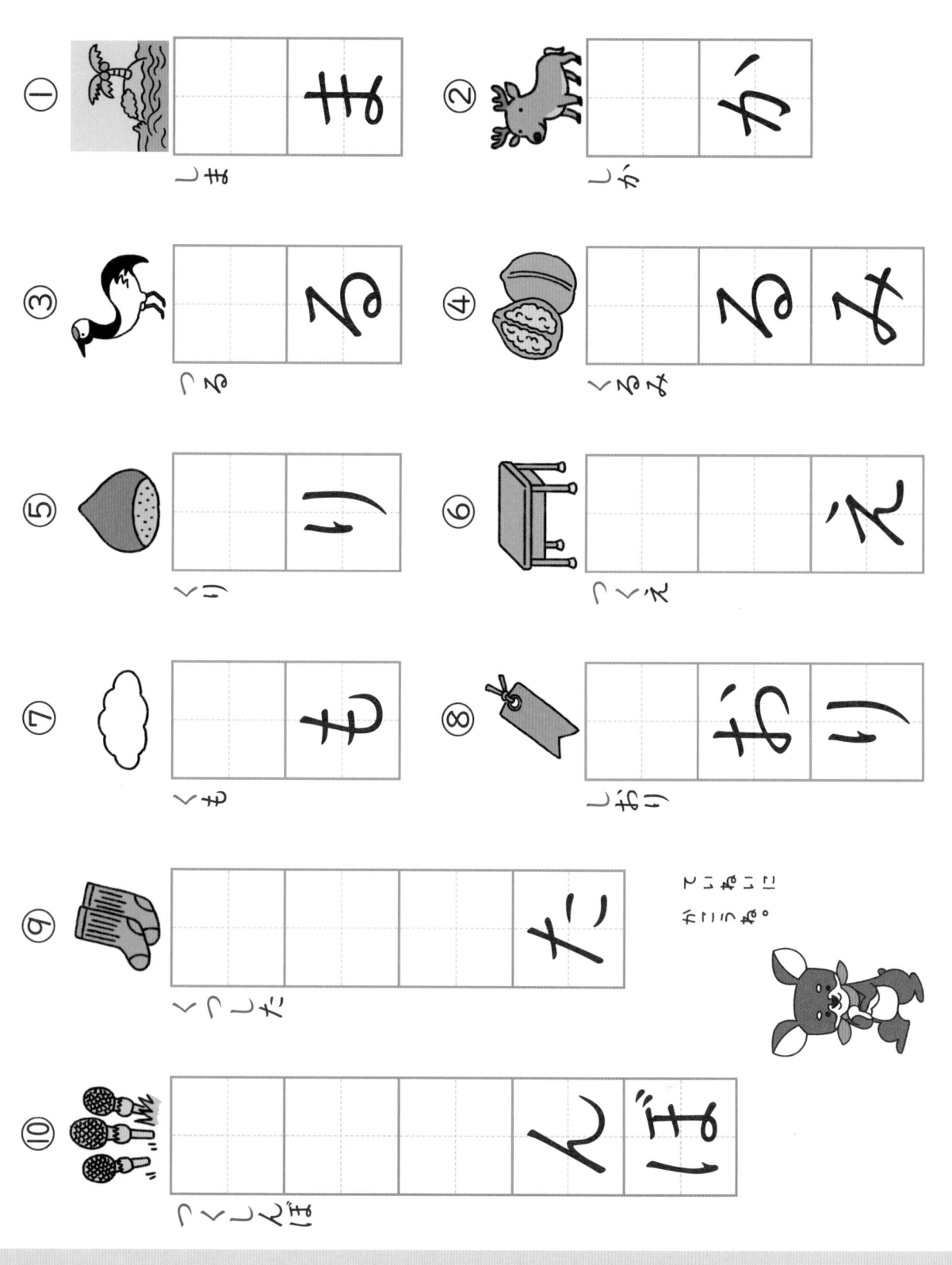

ひとつ7てん【70てん】

①

しま
□ま

②

しか
□か

③

つる
□る

④
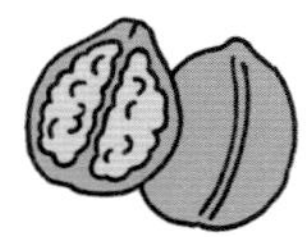
くるみ
□るみ

⑤
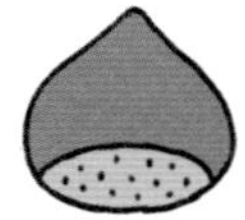
くり
□り

⑥

つくえ
□□え

⑦

くも
□も

⑧

しおり
□おり

⑨

くつした
□□□た

⑩

つくしんぼ
□□□んぼ

ていねいに かこうね。

ことば

【「さしすせそ」が ことばの あたまに つく ぶん】

さわやかな しおかぜが すなはまを せっせと そうじする。

4 ひらがなを　かこう

い・こ・り

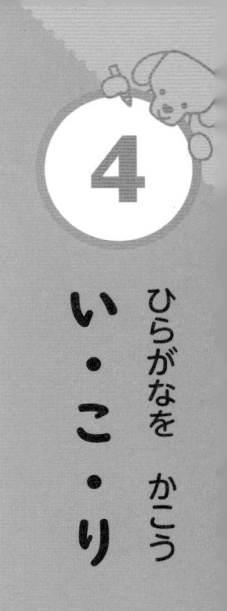

もくひょう 10ぷん

がつ　にち

とくてん　てん

ゆびで　なぞりましょう。

い（はねる・とめる）　こ（はねる・とめる）　り（はねる・はらう）

うすい　じを　なぞってから　かきましょう。

ぜんぶ　かけて【30てん】

かきじゅん　い　い

かきじゅん　こ　こ

かきじゅん　り　り

ことばを　よもう

いす
いぬ
いるか

ことばを　よもう

こま
こだいこ
こいのぼり

ことばを　よもう

りす
りんご
まり

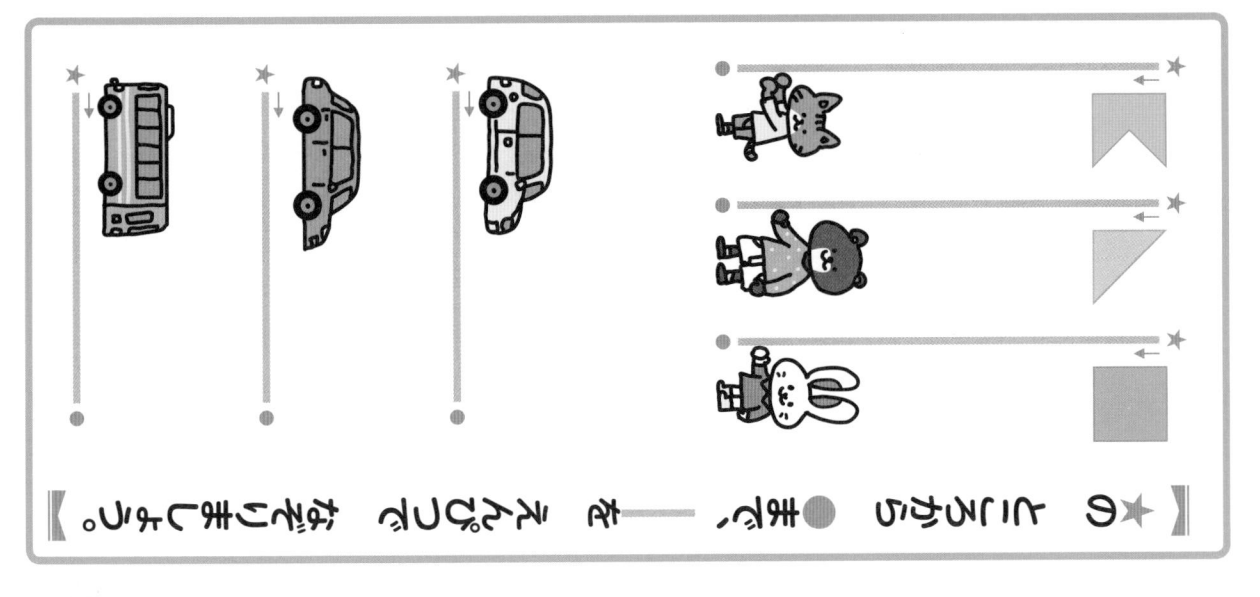

【★の　ところから　●まで、──を　えんぴつで　なぞりましょう。】

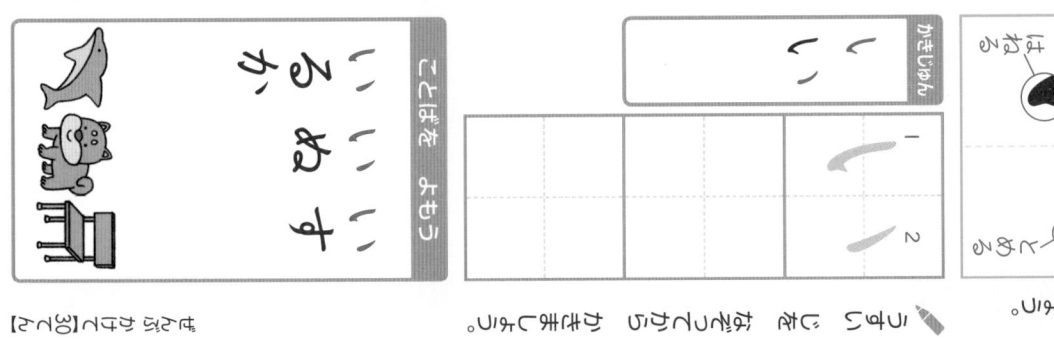

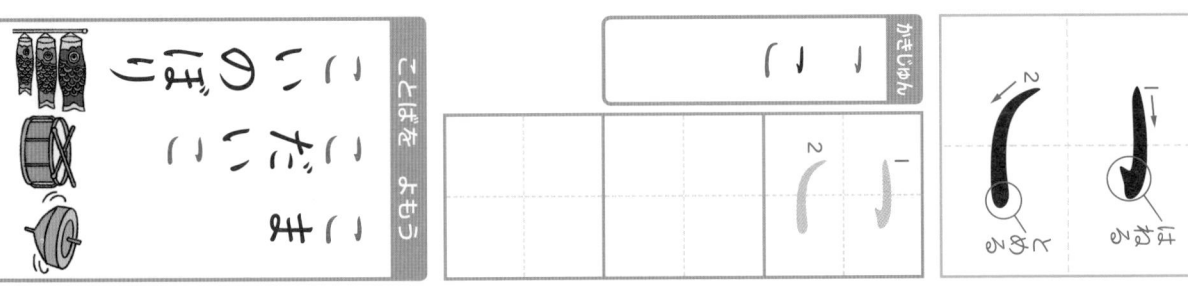

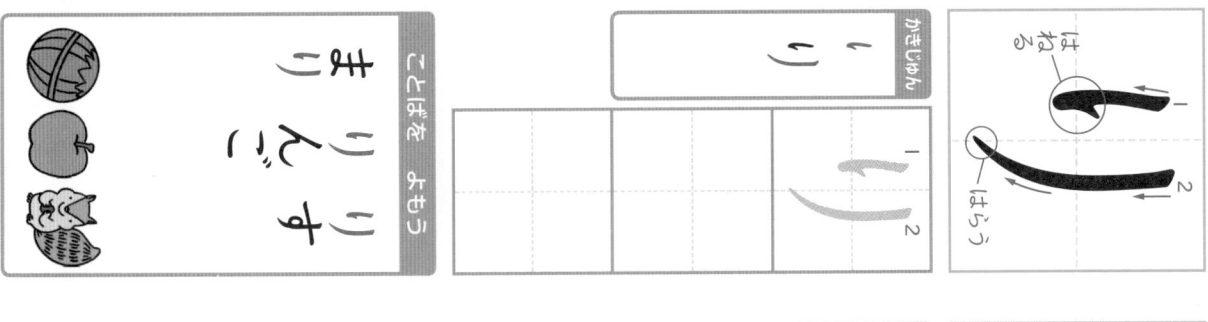

えを みて、□に あう じを かきましょう。

ひとつ7てん【70てん】

① 
□ま（こま）

② 
□す（りす）

③ 
□す（いす）

④ 
□んご（りんご）

⑤ 
□□（こい）

⑥ 
□るか（いるか）

⑦ 
□ぬ（いぬ）

⑧ 
□ん□（いんこ）

⑨ 
□だ□□（こだいこ）

ことばも いっしょに おぼえよう。

⑩ 
□□のぼ□（こいのぼり）

ことば

【「たちつてと」が ことばの あたまに つく ぶん】
たいへん ちかくで つみきを てつだう ともだち。

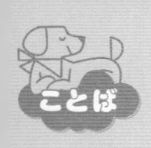

5 ひらがなを かこう
て・そ・ひ・え・へ

もくひょう 10ぷん

がつ　にち

とくてん　てん

ゆびで なぞりましょう。

うすい じを なぞってから かきましょう。

ぜんぶ かけて【50てん】

て（とめる）　かきじゅん て

ことばを よもう
てら
てがみ
てぶくろ

そ（とめる・まるめる）　かきじゅん そ

ことばを よもう
そら
そり
そうじき

ひ（とめる・まるめる）　かきじゅん ひ

ことばを よもう
ひも
ひよこ
ひまわり

え（とめる・とめる）　かきじゅん ゛ え

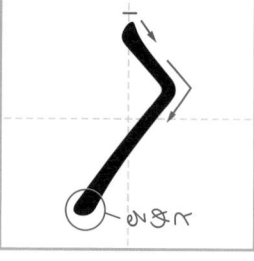

ことばを よもう
えき
えり
えんそく

へ（とめる）　かきじゅん へ

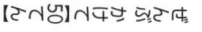

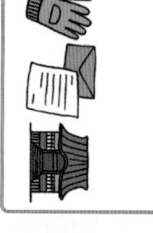

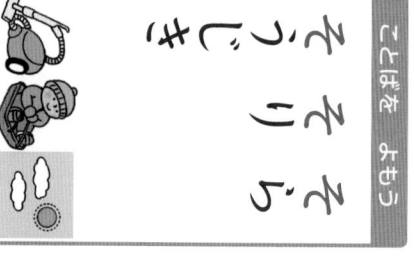

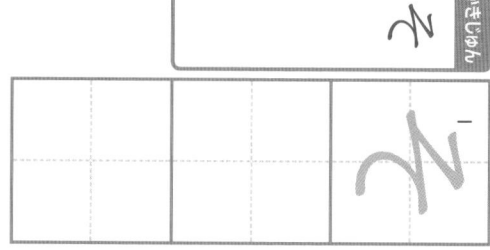

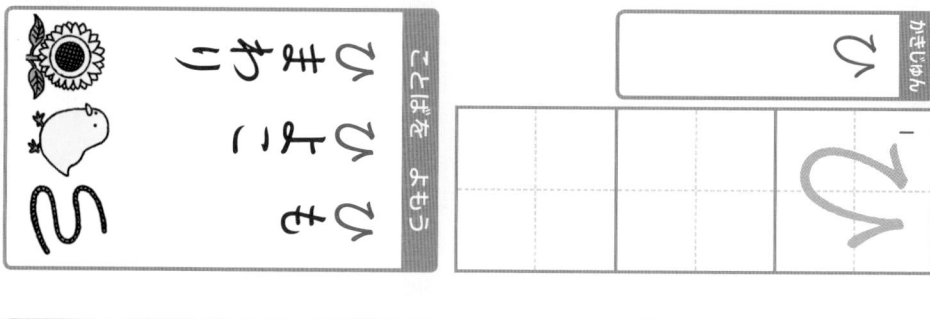

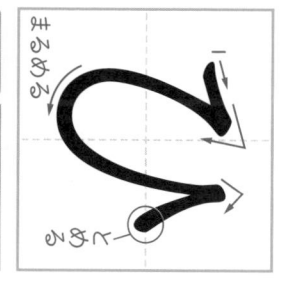

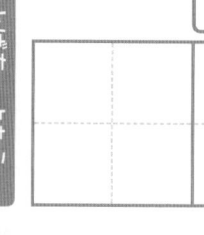

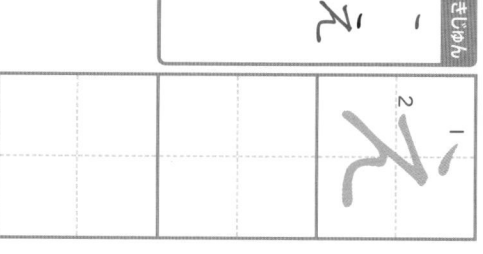

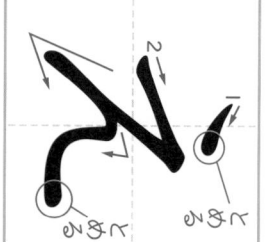

ことばを よもう
へそ
へび
へちま

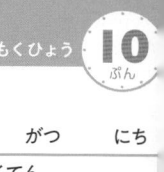

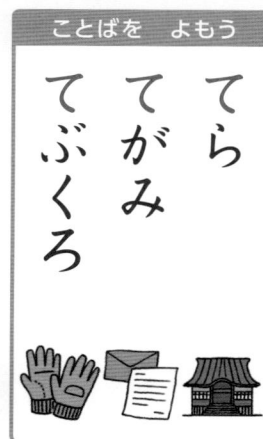

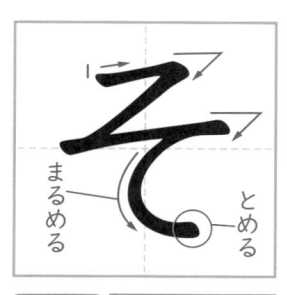

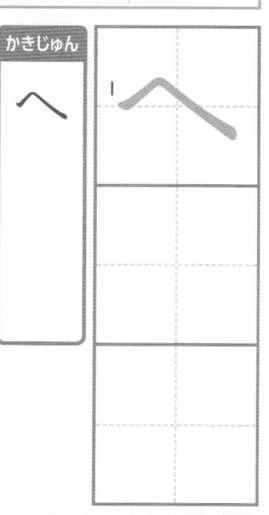

えを みて、□に あう じを かきましょう。

ひとつ5てん【50てん】

① 
えき
□き

② 
ひも
□も

③ 
てら
□ら

④ 
へちま
□ちま

⑤ 
そり
□□

⑥ 
てがみ
□がみ

⑦ 
へそ
□□

⑧ 
ひよこ
□よ□

⑨ 
そうじき
□うじき

⑩ 
えんそく
□ん□□

ひらがなを しっかり おぼえよう。

ことば

【「なにぬねの」が ことばの あたまに つく ぶん】
なぜだか にんじゃの ぬりえに ねこが のって いる。

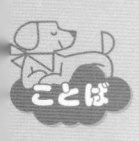

6 ひらがなを　かこう
ん・わ・ね・れ

もくひょう 10ぷん

がつ　にち

とくてん　　てん

ゆびで　なぞりましょう。

ん　はらう

わ　とめる　はらう

ね　とめる　とめる

れ　とめる

うすい　じを　なぞってから　かきましょう。

かきじゅん　ん

かきじゅん　｜　わ

かきじゅん　｜　ね

かきじゅん　｜　れ

ぜんぶ　かけて【40てん】

ことばを　よもう

ほん
でんわ
しんぶんし

ことばを　よもう

わに
わかめ
わりばし

ことばを　よもう

ねこ
ねずみ
ねんど

ことばを　よもう

れつ
れんが
れんこん

【★の　ところから　●まで、──を　えんぴつで　なぞりましょう。】

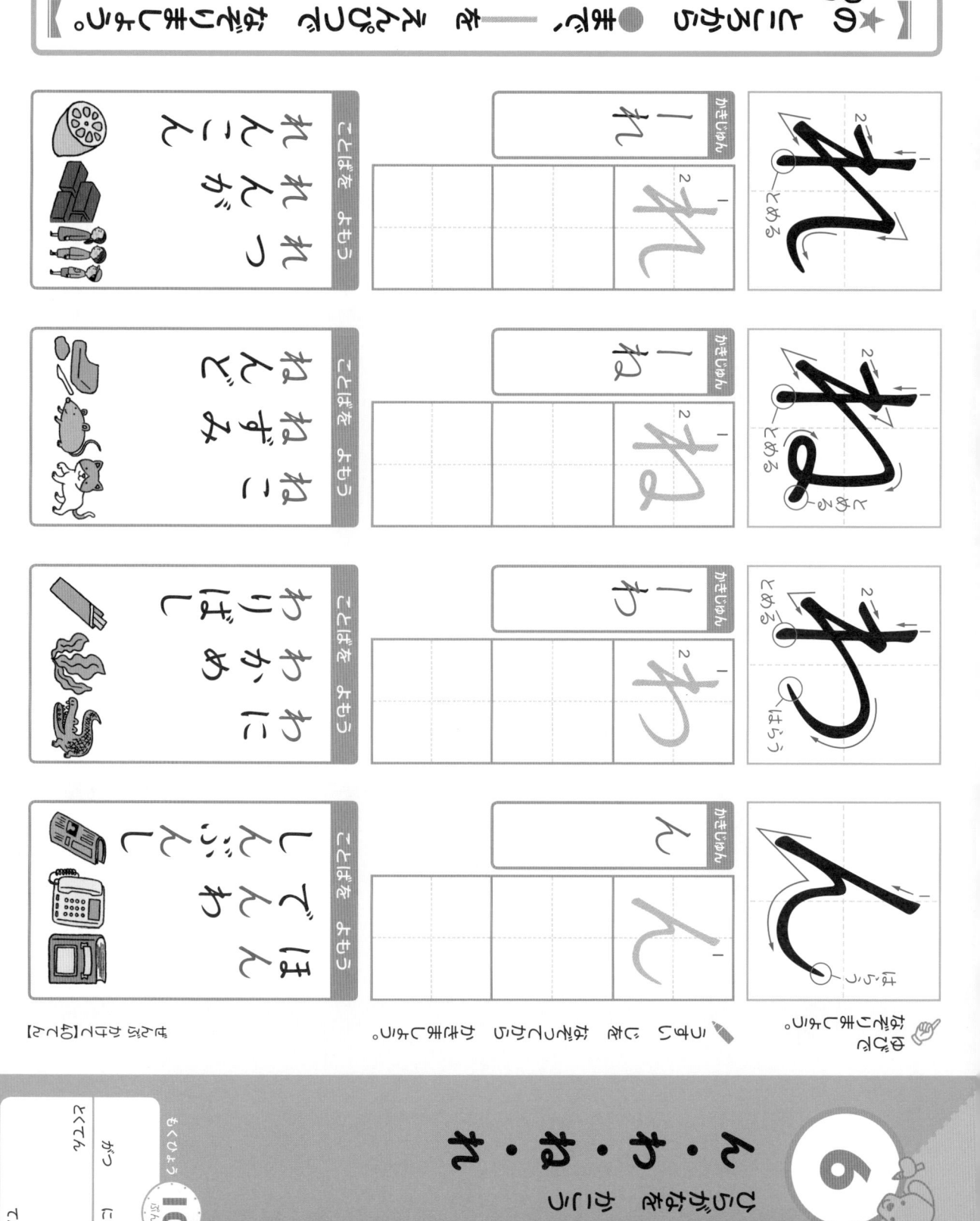

えを みて、□に あう じを かきましょう。

ひとつ10てん【100てん】

① 
ねこ

② 
わかめ
□ か め

③ 
れつ

④ 
ねずみ
□ ず み

⑤ 
ほん
ほ □

⑥ 
でんわ
で □ □

⑦ 
わに
□ に

⑧ 
れんが
□ □ が

⑨ 
わりばし
□ □ ば □

⑩ 
れんこん

「わ」「ね」「れ」は、かたちが にて いるね。

ことば
【「はやくちことば」が ことばの あたまに つく ぶん】
はりねずみが ひとりで ふねの へりで ほっと した。

7 ひらがなを　かこう
ち・ら・う・ろ・る

もくひょう 10ぷん

がつ　にち

とくてん　　てん

ゆびで　なぞりましょう。

ち（1、2　とめる　はらう）
ら（1、2　はらう）
う（1　とめる、2　はらう）
ろ（1　はらう）
る（1）

うすい　じを　なぞってから　かきましょう。

かきじゅん　一　ち
かきじゅん　、　ら
かきじゅん　、　う
かきじゅん　ろ
かきじゅん　る

ぜんぶ かけて【50てん】

ことばを　よもう

ちず
ちくわ
ちりとり

ことばを　よもう

らくだ
らっぱ
らっかせい

ことばを　よもう

うみ
うさぎ
うわばき

ことばを　よもう

ろば
ろうか
ろうそく

ことばを　よもう

るすばん
さる
かえる

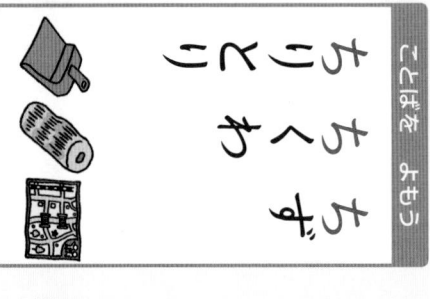

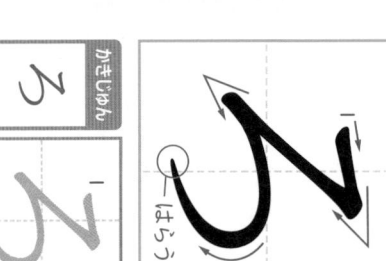

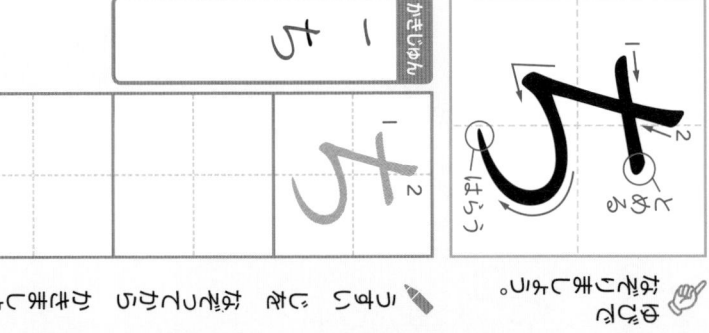

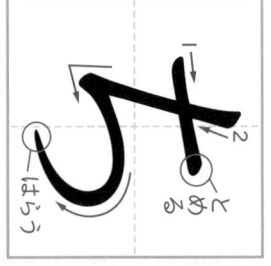

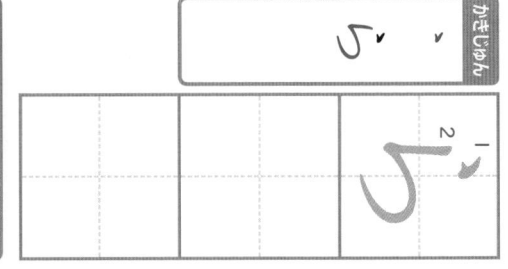

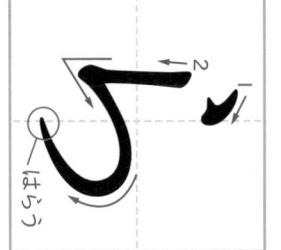

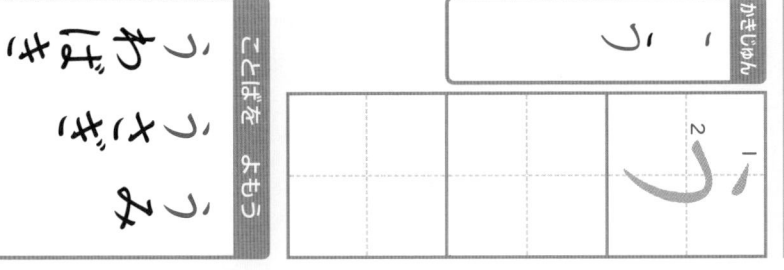

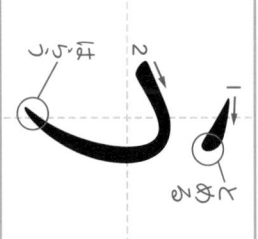

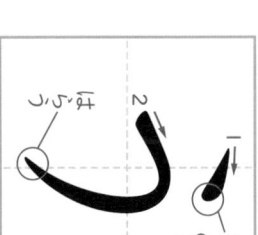

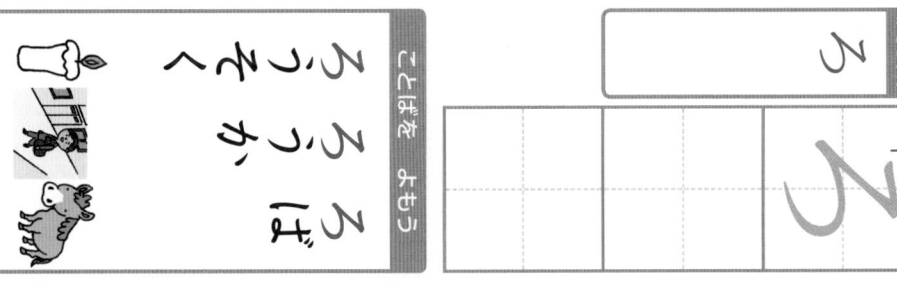

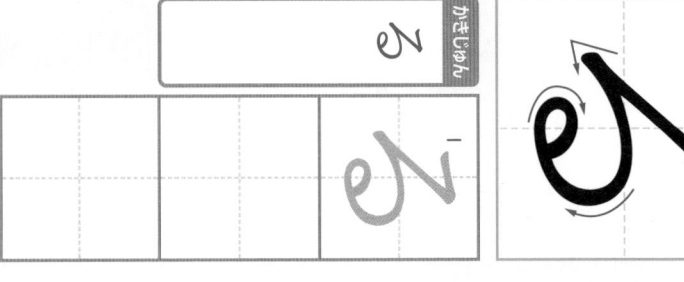

えを みて、□に あう じを かきましょう。

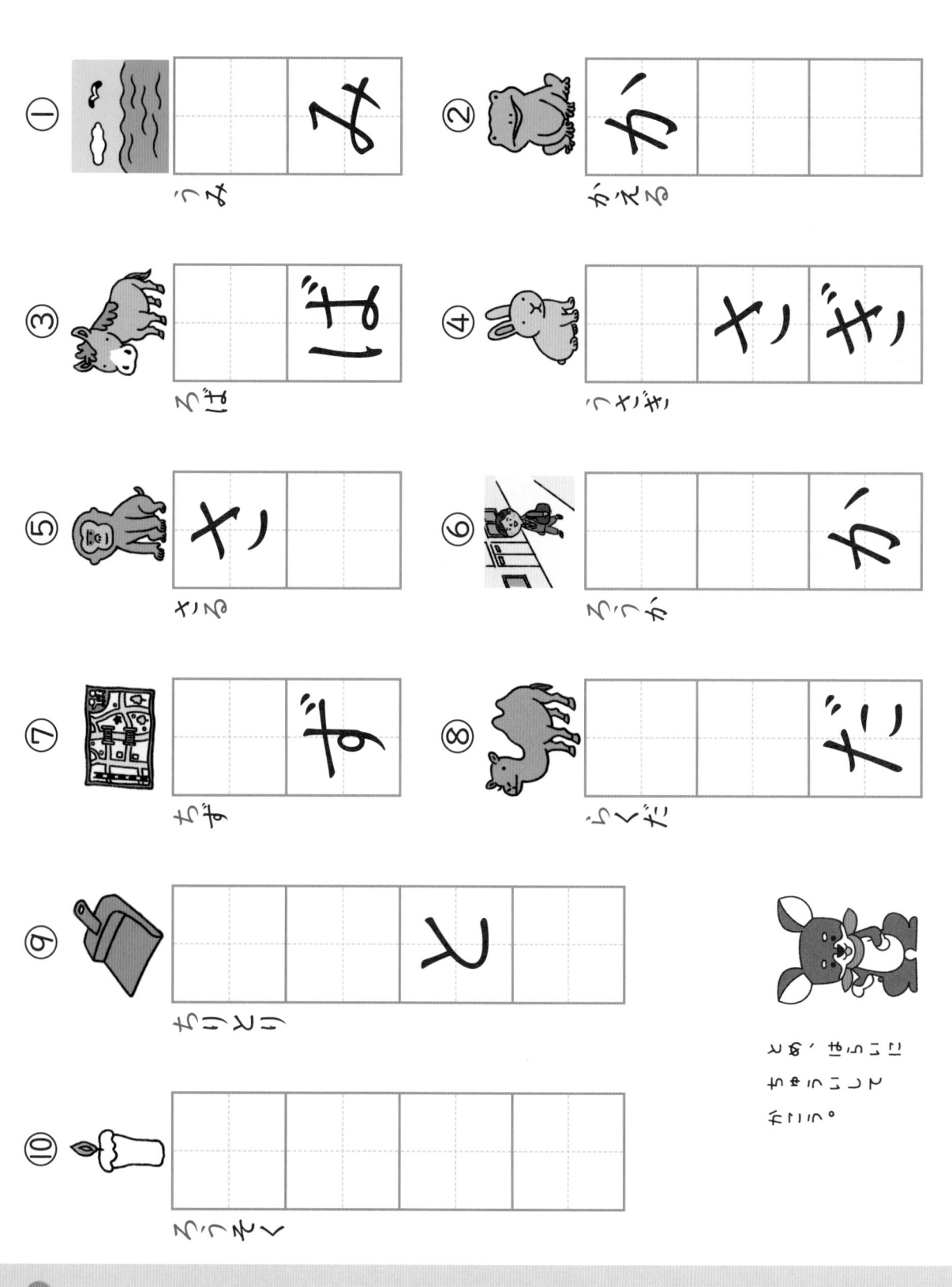

ひとつ5てん【50てん】

① 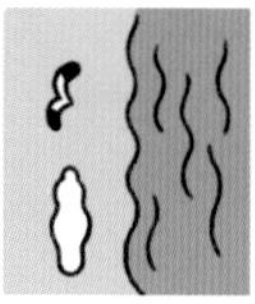
□み
うみ

② 
か□□
かえる

③ 
□ば
ろば

④ 
□さぎ
うさぎ

⑤ 
さ□
さる

⑥ 
□□か
ろうか

⑦ 
□ず
ちず

⑧ 
□□だ
らくだ

⑨ 
□□と□
ちりとり

⑩ 
□□□□
ろうそく

とめ、はらいに
ちゅういして
かこう。

ことば

【「まみむめも」が ことばの あたまに つく ぶん】

まりつきに みっつの ころから むちゅうな めいじんの ものがたり。

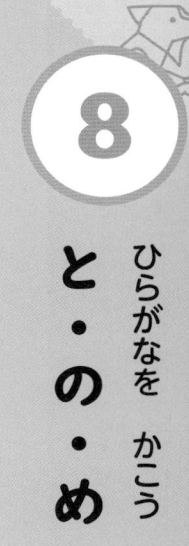

8 ひらがなを　かこう

と・の・め・ぬ

もくひょう 10ぷん

がつ　にち

とくてん　てん

ゆびで　なぞりましょう。

うすい　じを　なぞってから　かきましょう。

ぜんぶ　かけて【40てん】

と（とめる・まるめる）

かきじゅん　丶　と

ことばを　よもう

とら

とり

とけい

の（はらう）

かきじゅん　の

ことばを　よもう

のり

のはら

のこぎり

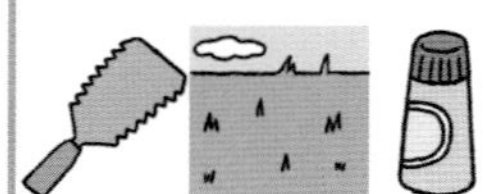

め（とめる・はらう）

かきじゅん　丨　め

ことばを　よもう

めいろ

めがね

めだまやき

ぬ（とめる・とめる）

かきじゅん　丨　ぬ

ことばを　よもう

ぬの

ぬりえ

ぬいぐるみ

【★の　ところから　●まで、――を　えんぴつで　なぞりましょう。】

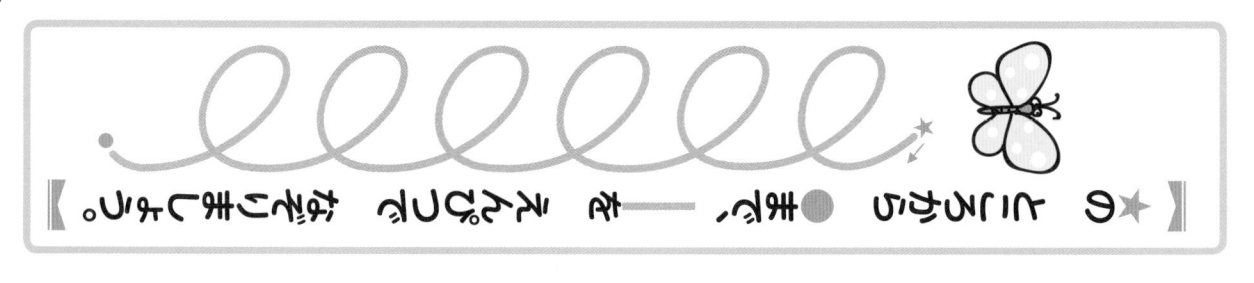

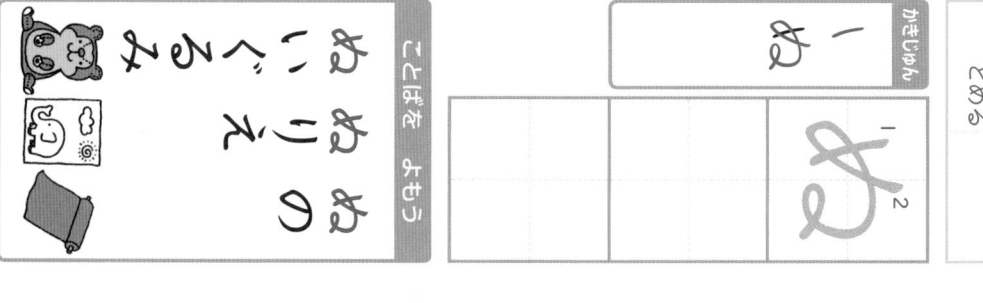

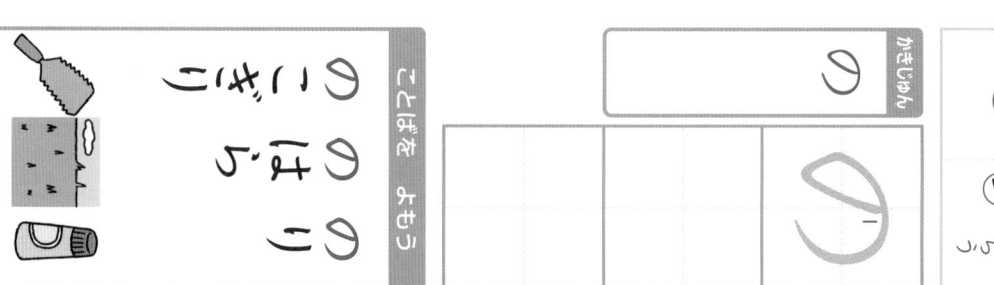

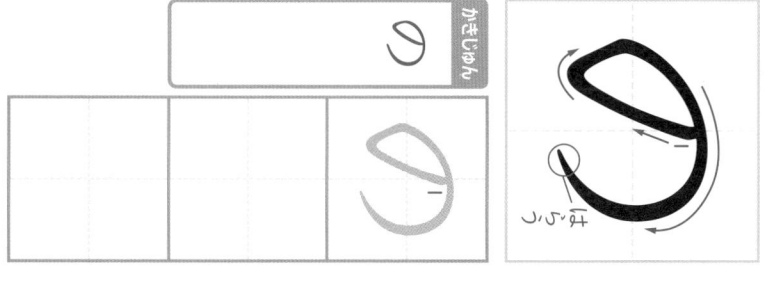

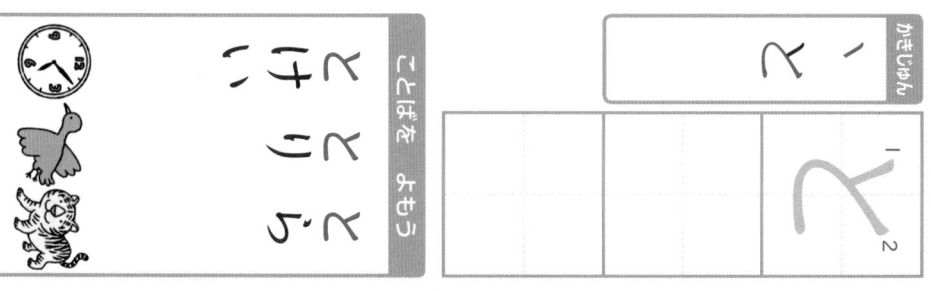

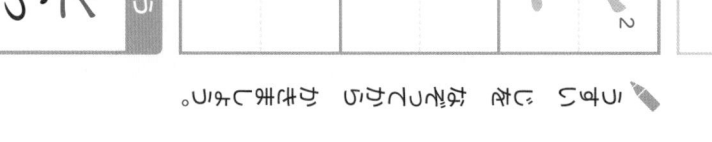

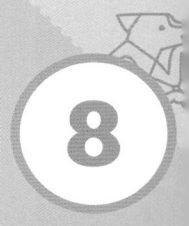

■ えを みて、□に あう じを かきましょう。

ひとつ6てん【60てん】

① 
□□
とり

② 
□ が □
めがね

③ 
□□
のり

④ 
□ け □
とけい

⑤ 
□□
とら

⑥ 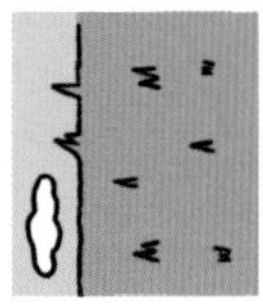
□ は □
のはら

⑦ 
□□
ぬの

⑧ 
□□□
めいろ

⑨ 
□□ ぎ □
のこぎり

⑩ 
□□ ぐ □ み
ぬいぐるみ

たくさん かけるように なったね。

ことば

【「やいゆえよ」が ことばの あたまに つく ぶん】

やまの いえで ゆきだるまの えはがきを よみました。

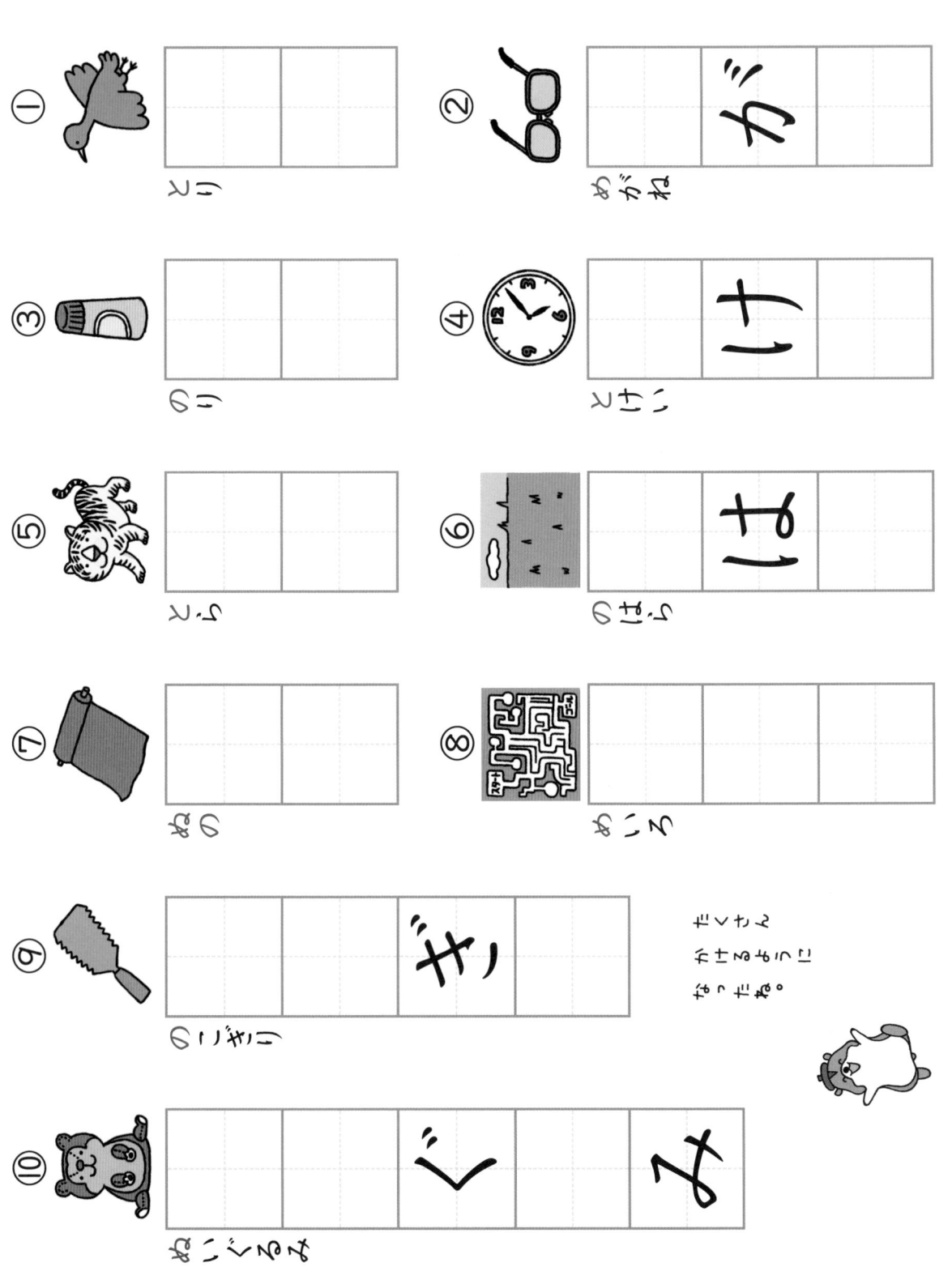

9 ひらがなを かこう

け・は・ほ・た・に

もくひょう 10ぷん

がつ　にち

とくてん　　てん

ゆびで なぞりましょう。

うすい じを なぞってから かきましょう。

ぜんぶ かけて【50てん】

け

とめる　はらう　はねる

かきじゅん　し　し　け

ことばを よもう

けいと

けむし

けんこう

は

とめる　はねる

かきじゅん　し　し　は

ことばを よもう

はな

はさみ

はみがき

ほ

とめる　はねる

かきじゅん　し　し　に　ほ

ことばを よもう

ほし

ほたる

ほんだな

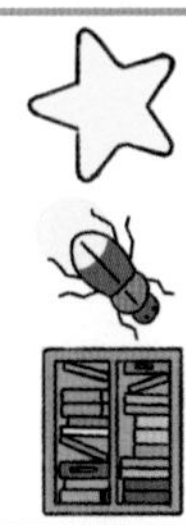

た

とめる　とめる　とめる

かきじゅん　一　ナ　た　た

ことばを よもう

たこ

たいこ

たけのこ

に

とめる　はねる

かきじゅん　し　し　に

ことばを よもう

にく

にじ

にわとり

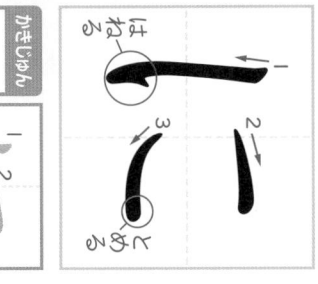

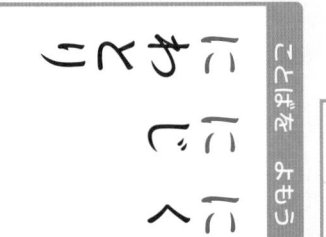

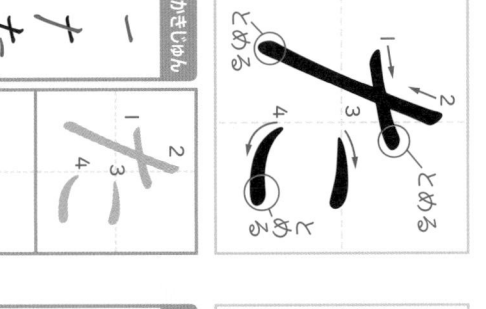

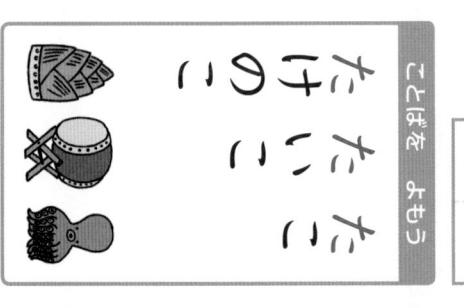

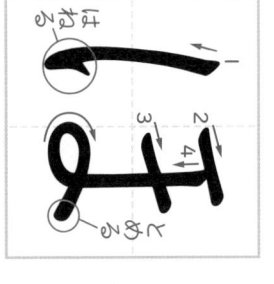

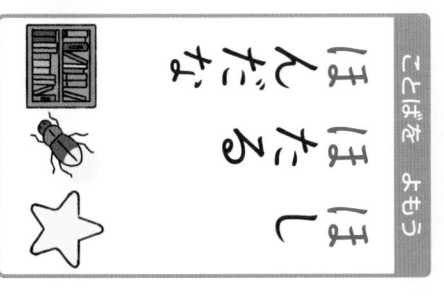

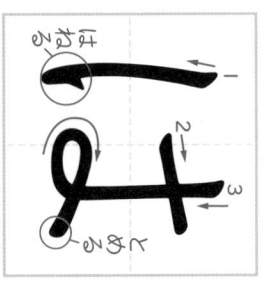

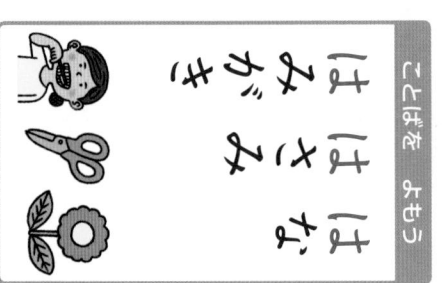

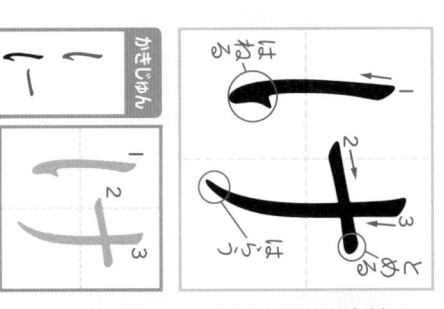

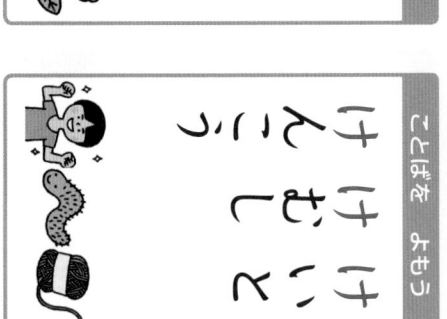

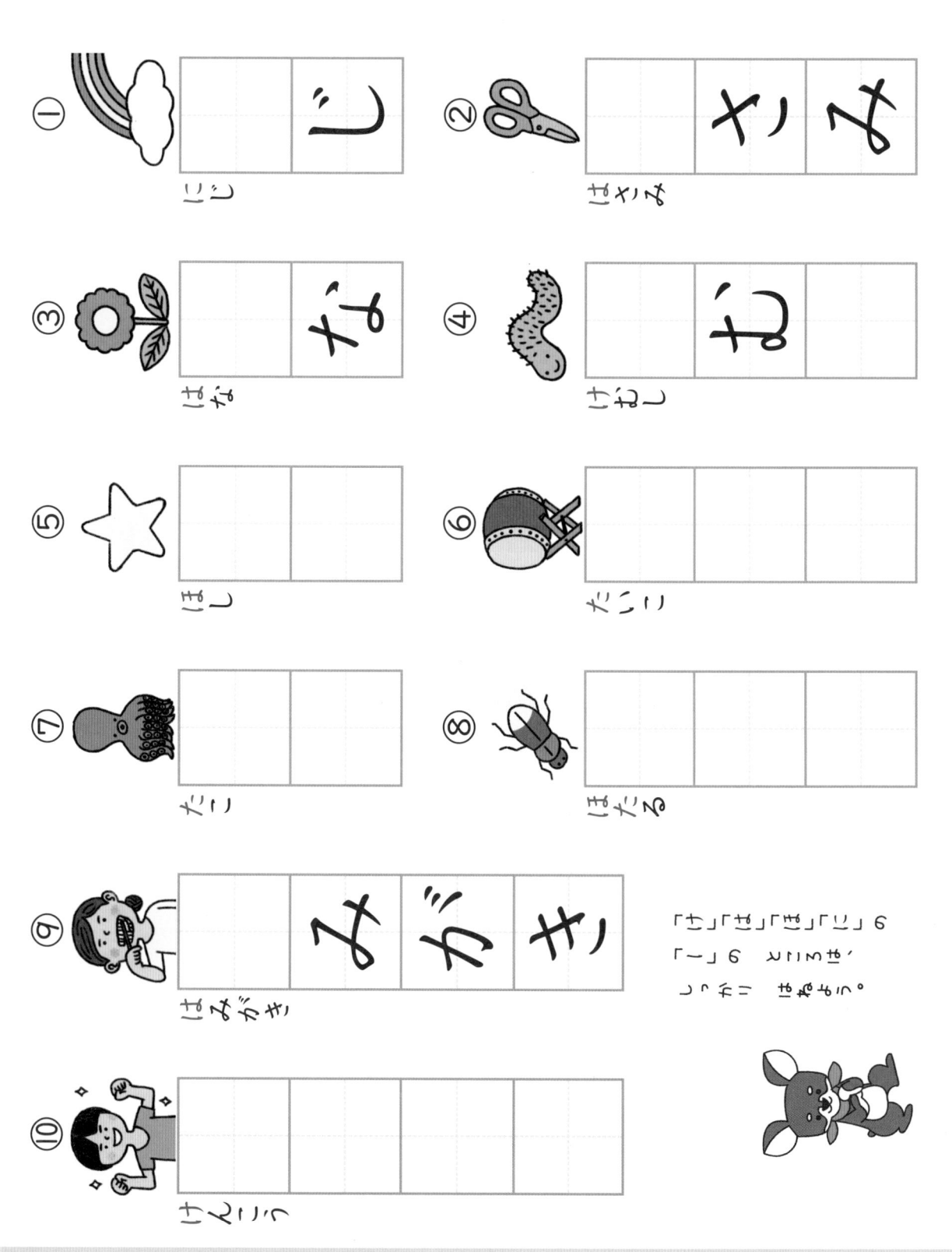

えを　みて、□に　あう　じを　かきましょう。

ひとつ５てん【50てん】

① 
□ じ
にじ

② 
□ さ み
はさみ

③ 
□ な
はな

④ 
□ む □
けむし

⑤ 
□ □
ほし

⑥ 
□ □ □
たいこ

⑦ 
□ □
たこ

⑧ 
□ □ □
ほたる

⑨ 
□ み が き
はみがき

⑩ 
□ □ □ □
けんこう

「け」「は」「ほ」「に」の
「｜」の　ところは、
しっかり　はねよう。

ことば
【「らりるれろ」が　ことばの　あたまに　つく　ぶん】
らっこから　りすが　るすだと　れんらくが　ろっかい。

10 ひらがなを　かこう
さ・き・せ・も

もくひょう 10ぷん

がつ　にち

とくてん　てん

ゆびで　なぞりましょう。

うすい　じを　なぞってから　かきましょう。

ぜんぶ　かけて【40てん】

さ

さ（1・2・3）　とめる　はねる　とめる

さ（1・2・3）

かきじゅん　一　ㄘ　さ

ことばを　よもう

さめ

さかな

さかみち

き

き（1・2・3・4）　とめる　とめる　はねる　とめる

き（1・2・3・4）

かきじゅん　一　ニ　キ　き

ことばを　よもう

きく

きりん

きのぼり

せ

せ（1・2・3）　はねる　とめる

せ（1・2・3）

かきじゅん　一　十　せ

ことばを　よもう

せみ

せなか

せんろ

も

も（1・2・3）　とめる　はらう

も（1・2・3）

かきじゅん　し　も　も

ことばを　よもう

もも

もり

もみじ

【★の　ところから　●まで、――を　えんぴつで　なぞりましょう。】

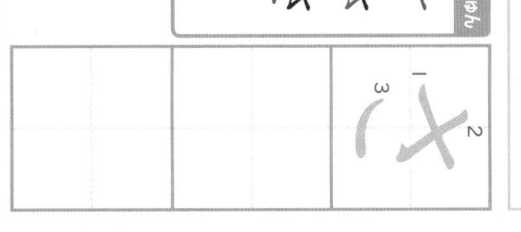

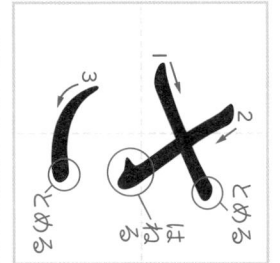

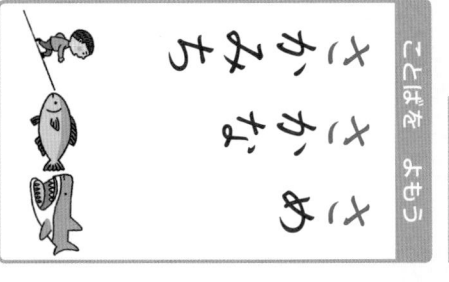

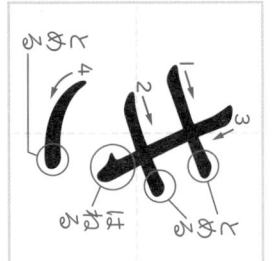

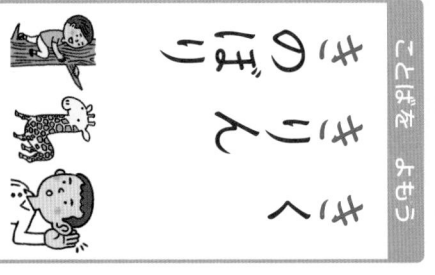

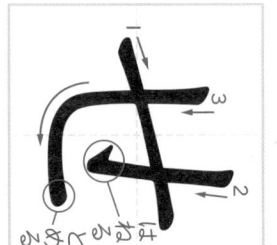

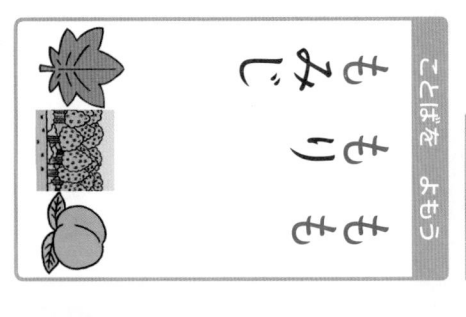

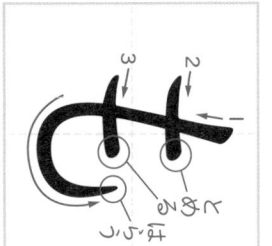

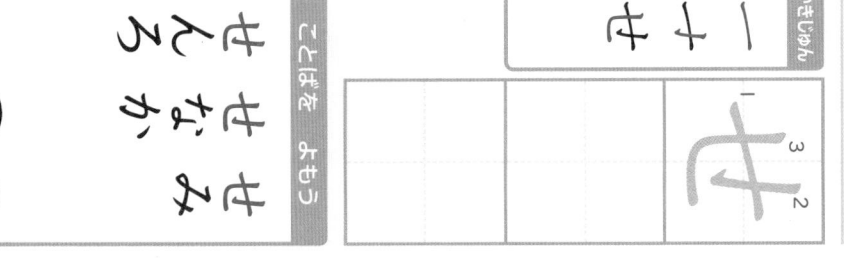

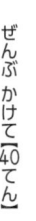

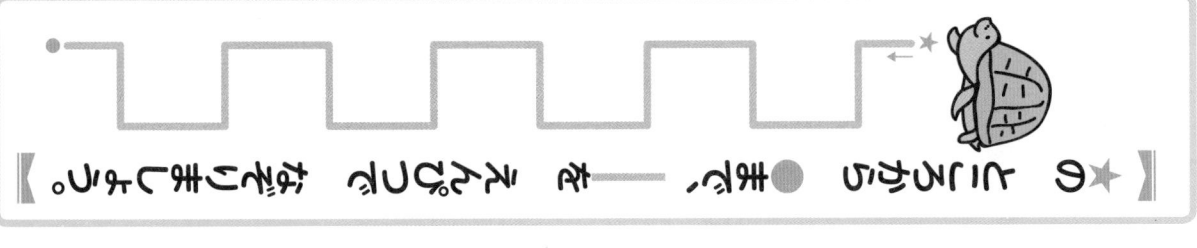

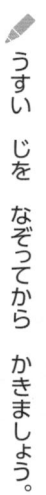

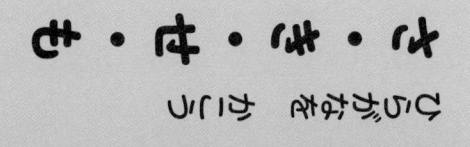

えを　みて、□に　あう　じを　かきましょう。

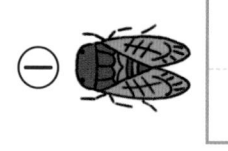

ひとつ6てん【60てん】

①

せみ
□み

②

もみじ
□みじ

③

さめ
□□

④

せなか
□なか

⑤

きく
□□

⑥

さかな
□かな

⑦

もも
□□

⑧

きりん
□□□

⑨

さかみち
□かみ□

⑩

きのぼり
□□ぼ□

「さ」と「き」は、かたちが にて いるね。

クイズ

「□りん」「□つつ□」「□のこ」の、どの□にも はいる じは どれかな。

①き　②せ　③も

こたえ ▶ 87ぺえじ

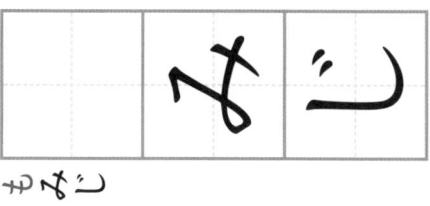

11 ひらがなを かこう
あ・お・す・ま・み

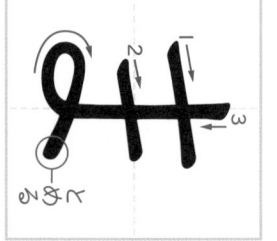

もくひょう 10ぷん　がつ　にち　とくてん　てん

ゆびで なぞりましょう。

うすい じを なぞってから かきましょう。

ぜんぶ かけて【50てん】

あ

とめる　はらう　とめる

かきじゅん　一　ナ　あ

ことばを よもう

あし

あり

あいさつ

お

とめる　はらう

かきじゅん　一　お　お

ことばを よもう

おに

おりがみ

おんどけい

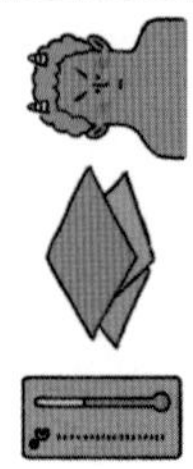

す

とめる　はらう

かきじゅん　一　す

ことばを よもう

すし

すいか

すみれ

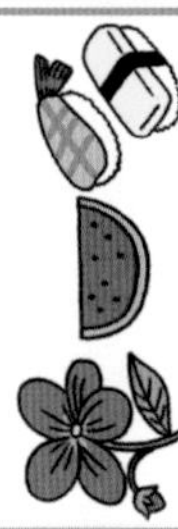

ま

とめる

かきじゅん　一　二　ま

ことばを よもう

まど

まめ

まんげつ

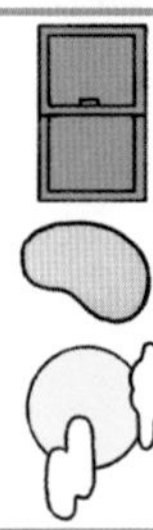

み

とめる　はらう

かきじゅん　ス　み

ことばを よもう

みみ

みかん

みどり

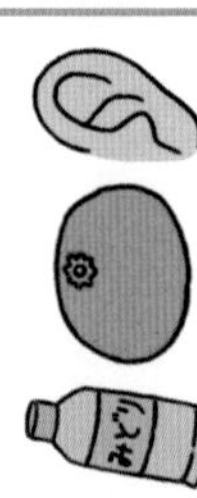

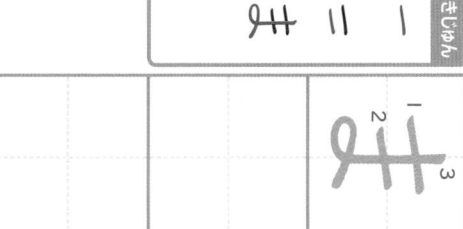

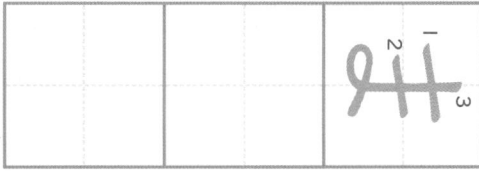

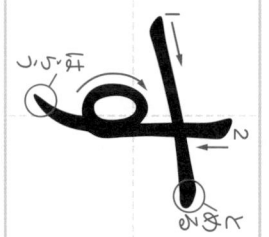

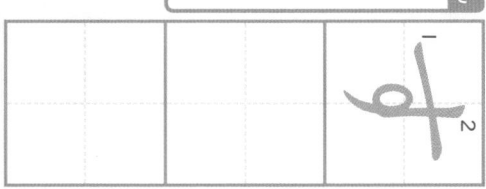

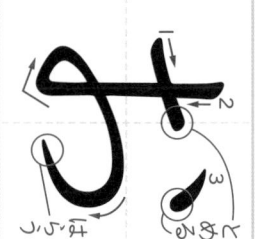

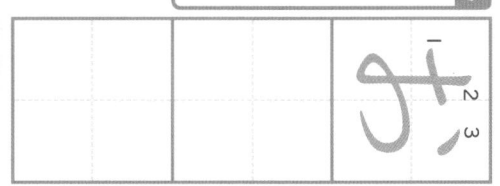

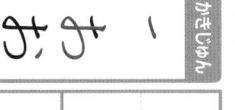

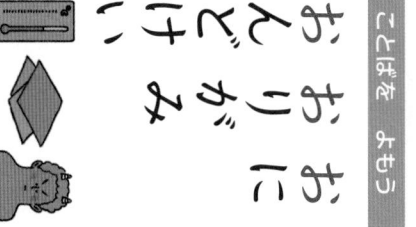

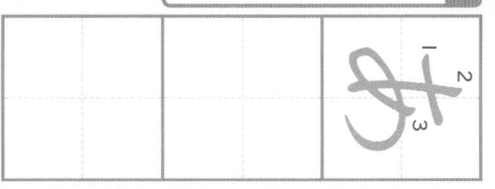

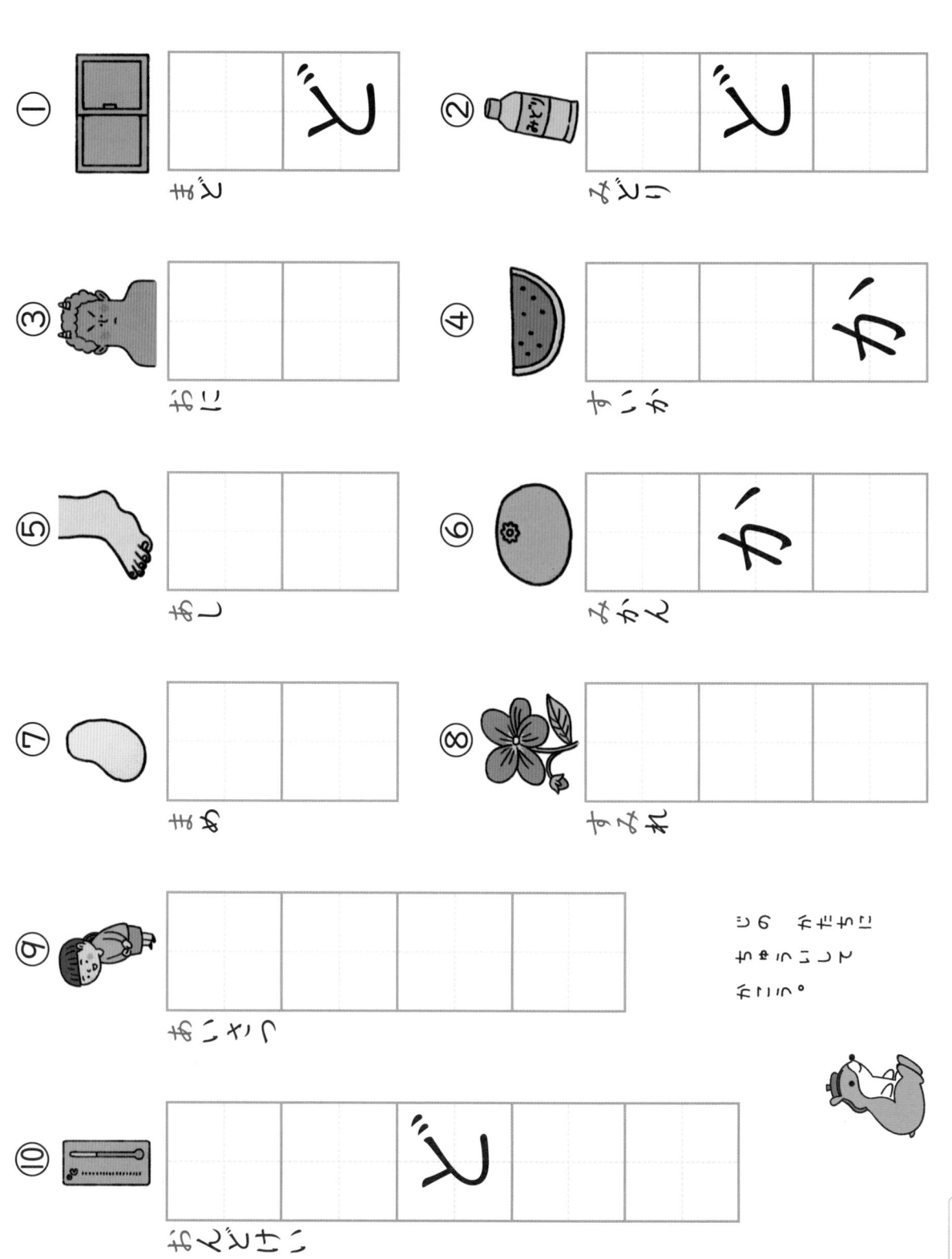

えを　みて、□に　あう　じを　かきましょう。

ひとつ5てん【50てん】

①
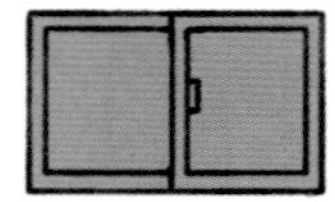
まど
（□ど）

②

みどり
（□ど□）

③

おに
（□□）

④

すいか
（□□か）

⑤
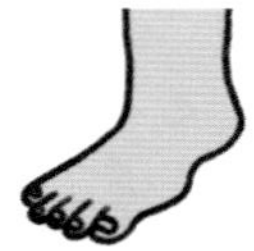
あし
（□□）

⑥

みかん
（□か□）

⑦

まめ
（□□）

⑧

すみれ
（□□□）

⑨

あいさつ
（□□□□）

⑩
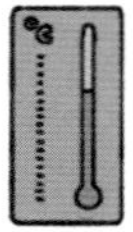
おんどけい
（□□ど□□）

じの　かたちに
ちゅういして
かこう。

クイズ

「□し」「□みれ」「い□」の、どの　□にも　はいる　じは　どれかな。

①あ　②お　③す

こたえ ▶ 87ぺえじ

12 ひらがなを かこう

よ・か・や・ゆ

もくひょう 10ぷん

がつ にち

とくてん てん

ゆびで なぞりましょう。

うすい じを なぞってから かきましょう。

ぜんぶ かけて【40てん】

よ　とめる

かきじゅん　ー よ

ことばを よもう

よる

よつば

ようふく

か　まげる　はねる　とめる

かきじゅん　つ カ か

ことばを よもう

かい

かがみ

からあげ

や　まげる　とめる

かきじゅん　つ つ や

ことばを よもう

やま

やさい

やきいも

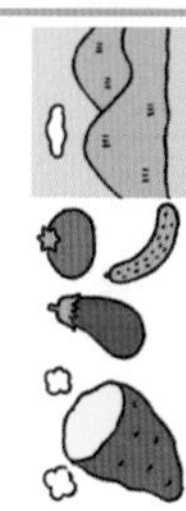

ゆ　はらう

かきじゅん　ゆ ゆ

ことばを よもう

ゆり

ゆみや

ゆきだるま

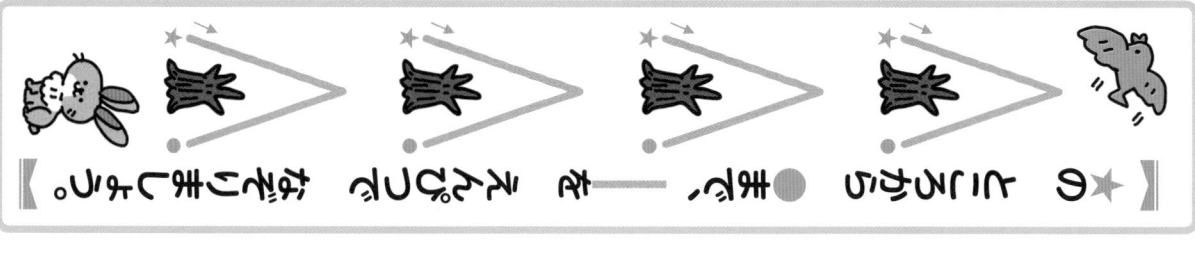

【★の ところから ●まで、—を えんぴつで なぞりましょう。】

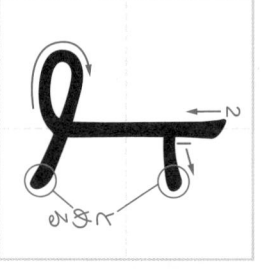

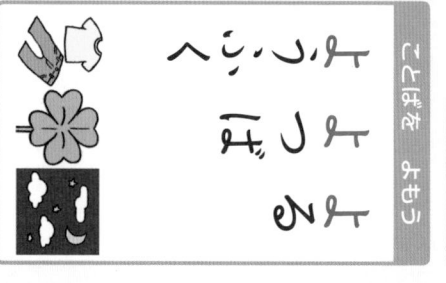

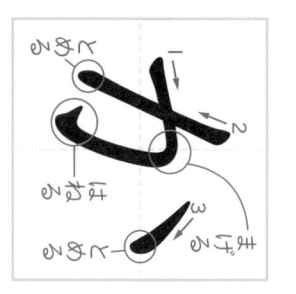

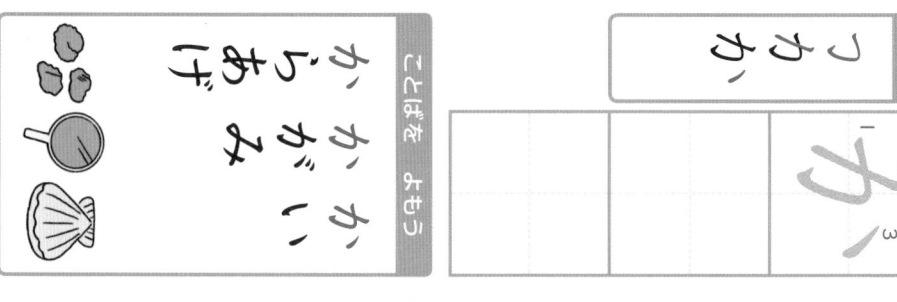

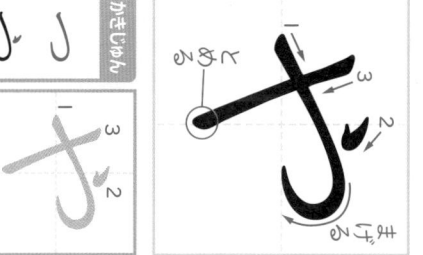

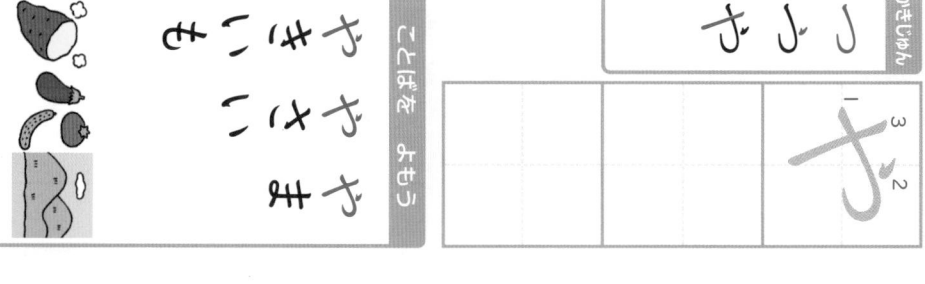

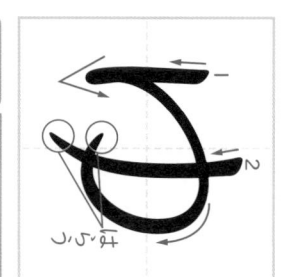

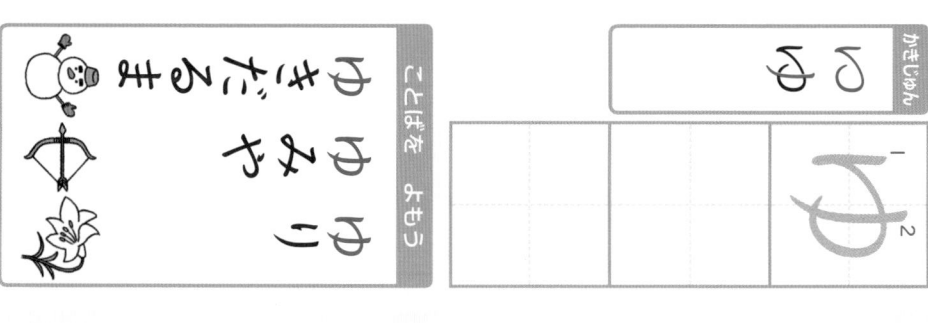

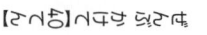

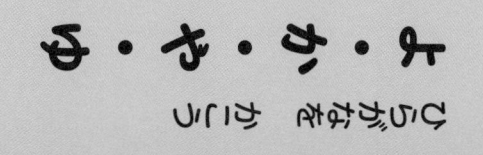

■ えを みて、□に あう じを かきましょう。

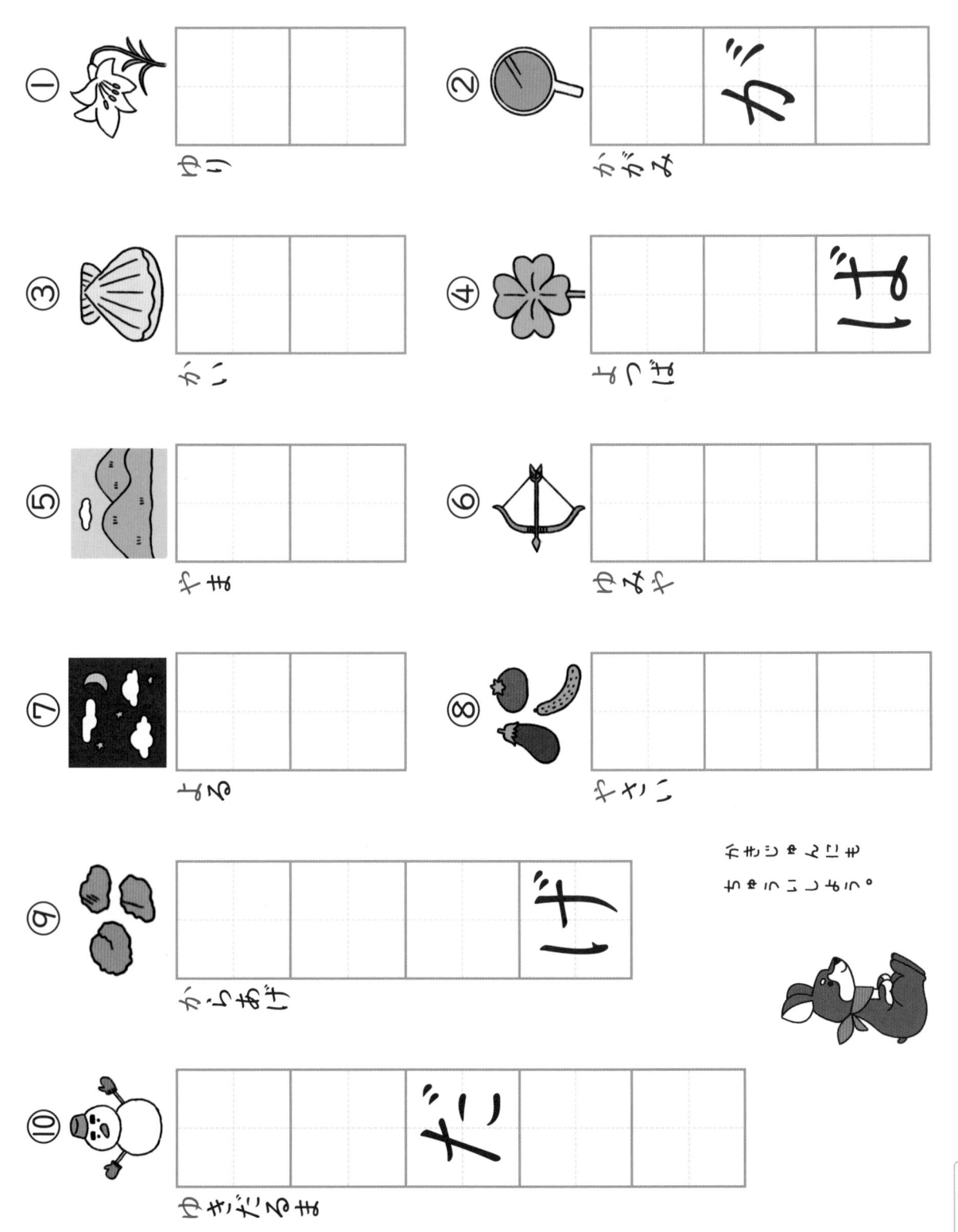

ひとつ6てん【60てん】

① 
ゆり
□□

② 
かがみ
□が□

③ 
かい
□□

④ 
よつば
□□ば

⑤ 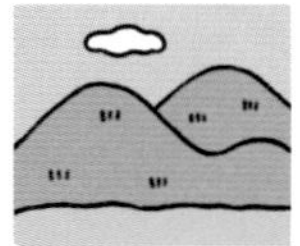
やま
□□

⑥ 
ゆみや
□□□

⑦ 
よる
□□

⑧ 
やさい
□□□

⑨ 
からあげ
□□□げ

⑩ 
ゆきだるま
□□だ□□

かきじゅんにも
ちゅういしよう。

クイズ

「□ま」「□さい」「ゆみ□」の、どの □にも はいる じは どれかな。

① や　② ゆ　③ よ

こたえ ▶ 87ぺえじ

13 ひらがなを かこう

な・む・ふ・を

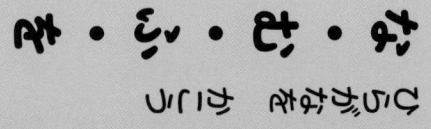

もくひょう 10ぷん

がつ　にち

とくてん　てん

ゆびで なぞりましょう。

うすい じを なぞってから かきましょう。

ぜんぶ かけて【40てん】

な

とめる　とめる

かきじゅん　一 ナ ナ な

ことばを よもう

なし

なべ

なみだ

む

とめる

かきじゅん　一 む む

ことばを よもう

むら

むかで

むしめがね

ふ

はねる　とめる　はねる

かきじゅん　、 ３ ３、 ふ

ことばを よもう

ふね

ふくろ

ふとん

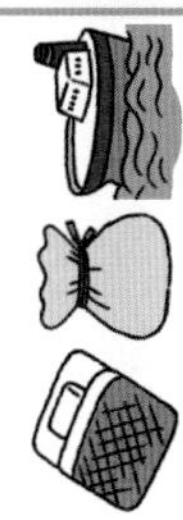

を

とめる　とめる

かきじゅん　一 ち を

ことばを よもう

じを かく。

ほんを よむ。

【★の ところから ●まで、―を えんぴつで なぞりましょう。】

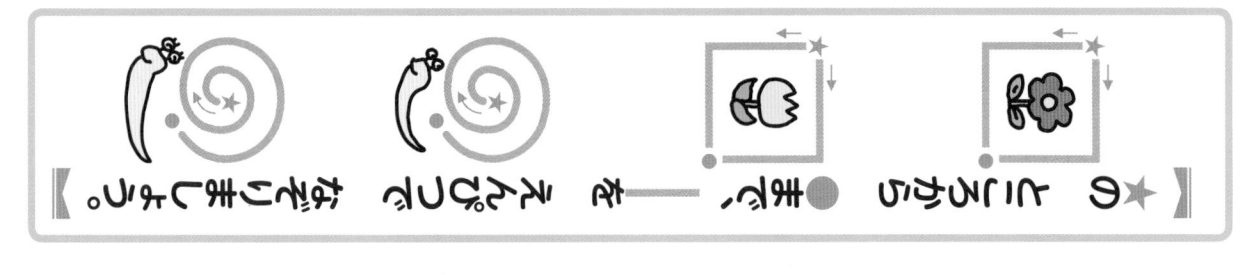

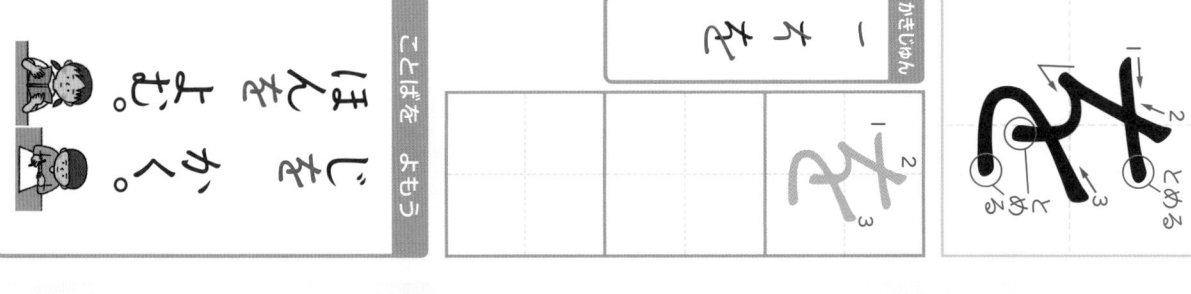

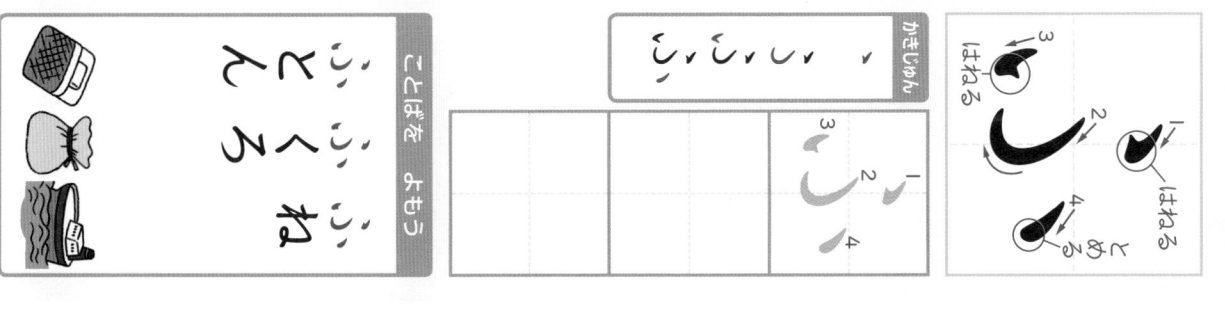

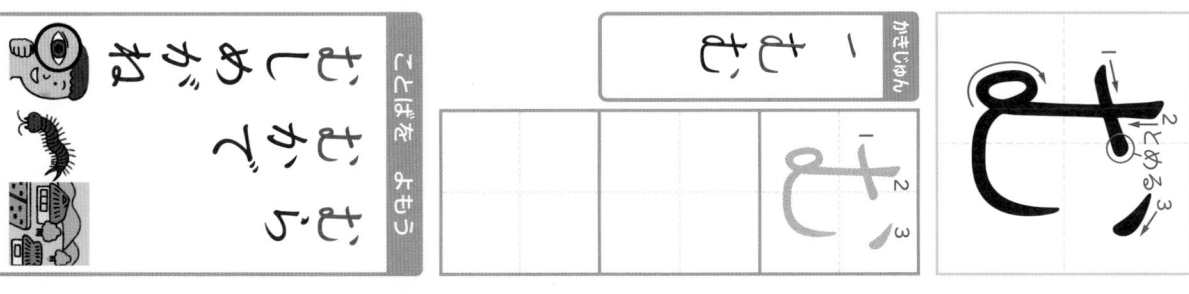

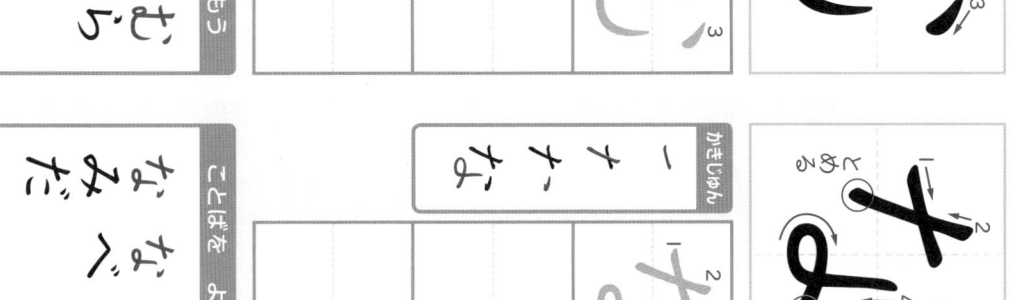

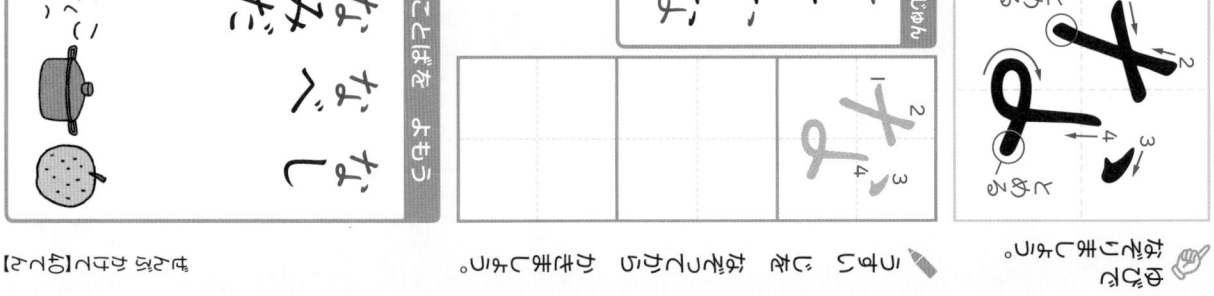

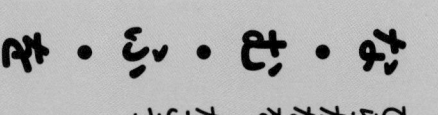

えを みて、□に あう じを かきましょう。

ひとつ6てん【60てん】

① 
なべ
（べ）

② 
むかで
（で）

③ 
むら

④ 
ふくろ

⑤ 
ふね

⑥ 
なみだ
（だ）

⑦ 
なし

⑧ 
ふとん

⑨ 
じを かく。
（じ）
。

⑩ 
ほんを よむ。
。

ひらがなの れんしゅうは、これで ばっちり！

クイズ

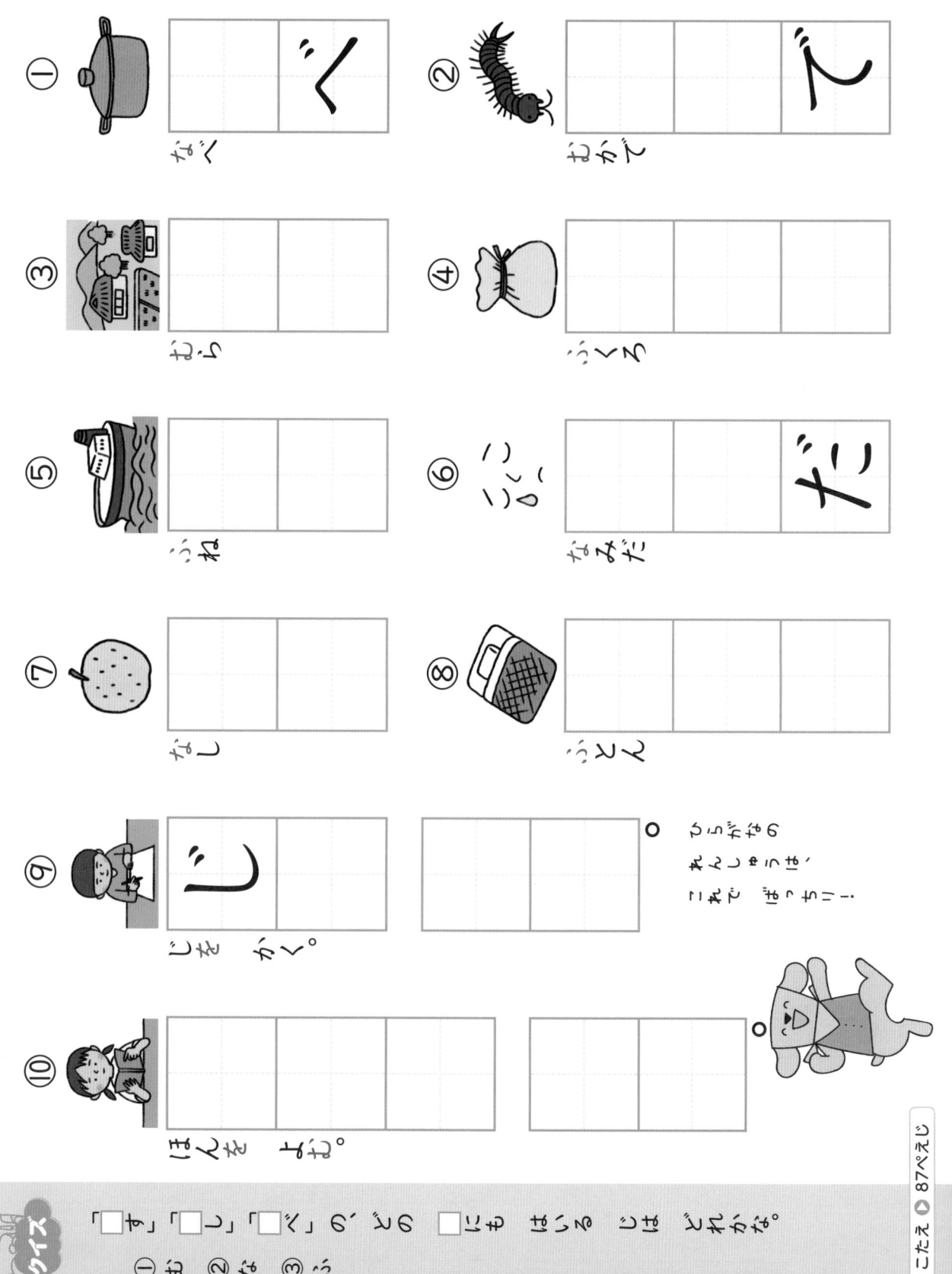

「□す」「□し」「□べ」の、どの □にも はいる じは どれかな。

① む ② な ③ ふ

こたえ ▶ 87ぺえじ

14 ひらがなの　ひょう

もくひょう 10ぷん

がつ　にち

とくてん　てん

1 うすい　じを　なぞり、たてに　よみましょう。

ぜんぶ　なぞれて【50てん】

	あ行	か行	さ行	た行	な行	は行	ま行	や行	ら行	わ行
あ段	あ	か	さ	た	な	は	ま	や	ら	わ
い段	い	き	し	ち	に	ひ	み	(い)	り	(い)
う段	う	く	す	つ	ぬ	ふ	む	ゆ	る	(う)
え段	え	け	せ	て	ね	へ	め	(え)	れ	(え)
お段	お	こ	そ	と	の	ほ	も	よ	ろ	を

「あいうえお」
「かきくけこ」
「さしすせそ」と
いう　じゅんばんで、
たての　ほうこうに
よんで　みよう。

いちじずつ
ていねいに
なぞろうね。

ん

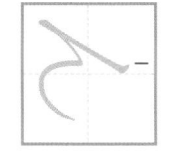

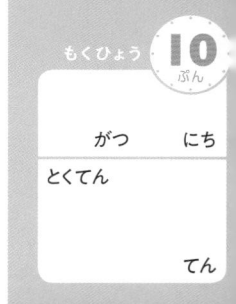

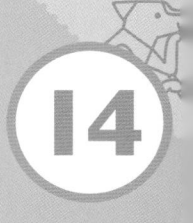

2 ひらがなの ひょうの うすい じを なぞって、あいた ところには ただしい ひらがなを かきいれましょう。

ぜんぶ かけて【50てん】

あ						ま			わ
		し		に			(い)	り	(い)
う	く								(う)
			て		へ		(え)		(え)
お		そ						ろ	

ん

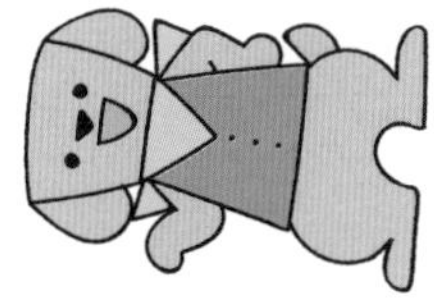

かきおわったら
よんで みよう。
「あかさたな
はまやらわ」と、
よこの ほうこうにも
よんで みてね。

「を」は 「お」と
よむよ。

クイズ 「あ・か・さ・た・な」の じを ふたつ つかって、つくれる いろは どれかな。

① あか ② あお ③ きいろ

こたえ ▶ 87ぺえじ

15 「゛(てんてん)」の つく ひらがな
が・ぎ・ぐ・げ・ご ざ・じ・ず・ぜ・ぞ

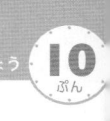

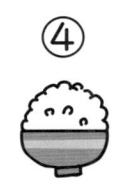

もくひょう 10ぷん

がつ にち

とくてん てん

1 「゛(てんてん)」の つく ひらがなを かきましょう。 ぜんぶ かけて【15てん】

が ぎ ぐ げ ご

「゛(てんてん)」は、
ひとつの じを
かきおわった
あとで、
じの みぎうえに
つけるよ。

うちがわの てん、
そとがわの てんの
じゅんに かくよ。

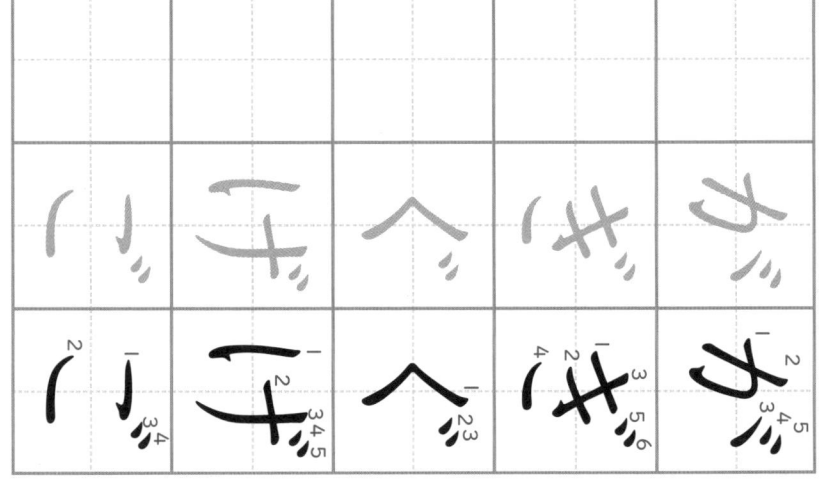

2 えに あう ことばを □に かきましょう。 ひとつ5てん【35てん】

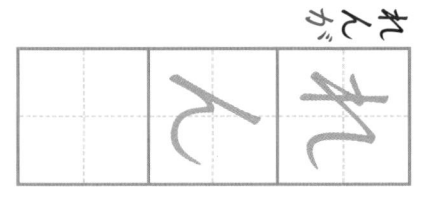

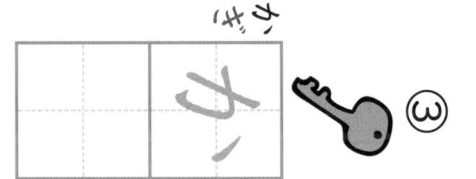

①  かぐ

② 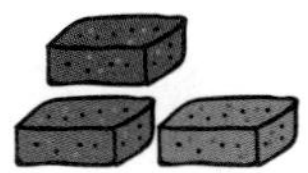 れんが

③  かぎ

④  ごはん

⑤  ごま

⑥  ぐんて

⑦  げんがっき

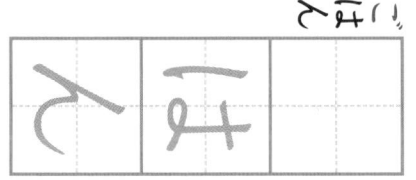

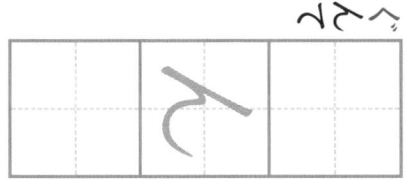

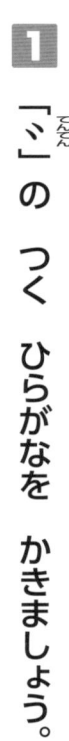

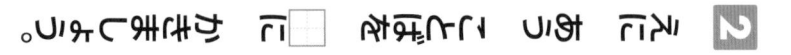

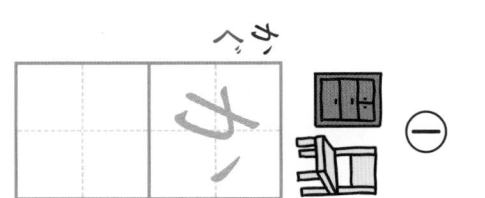

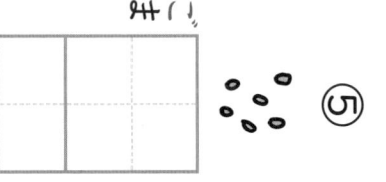

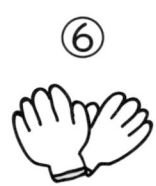

3 「゛」（てんてん）の つく ひらがなを かきましょう。

ぜんぶ かけて【15てん】

ざ じ ず ぜ ぞ

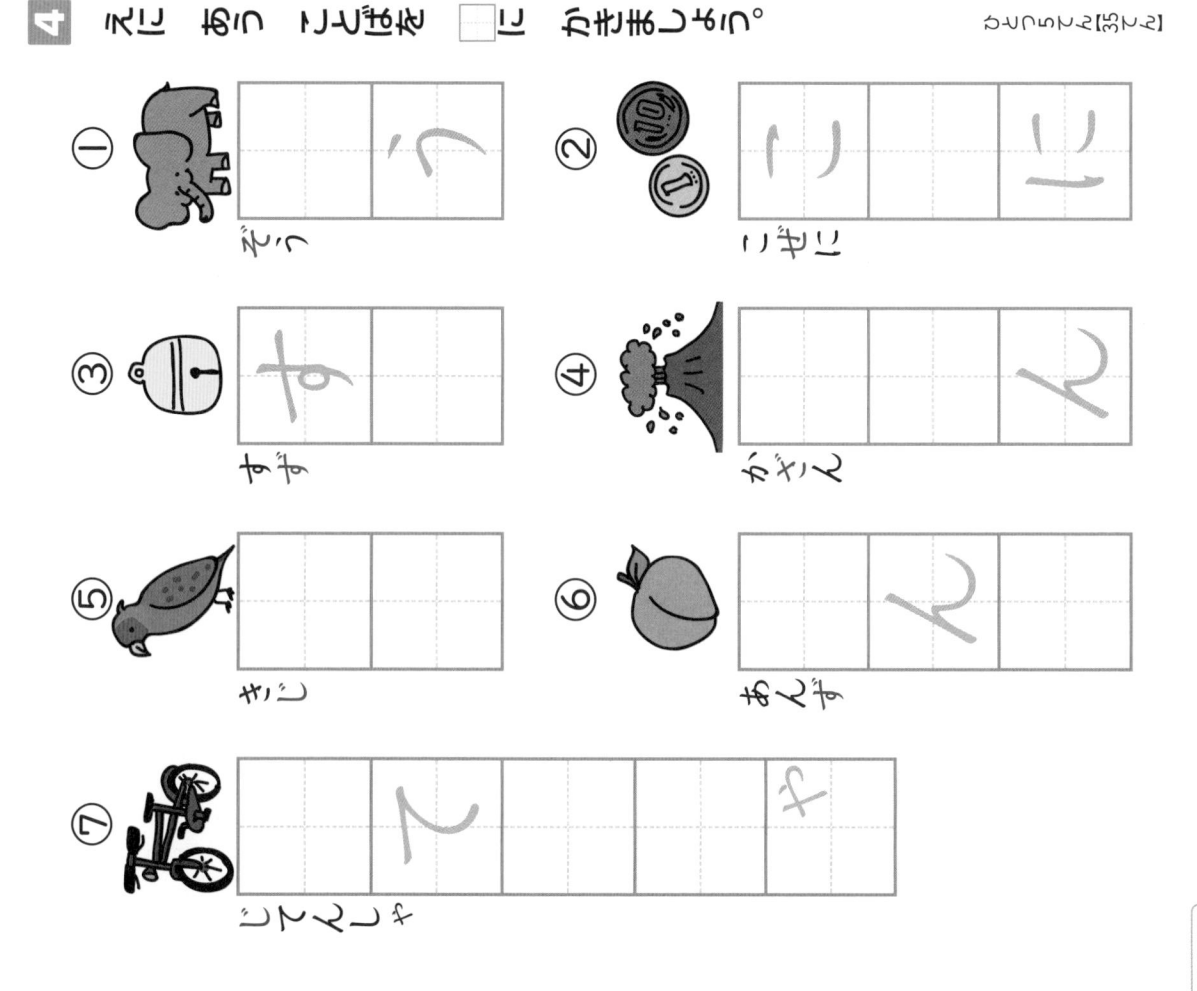

4 えに あう ことばを □に かきましょう。

ひとつ5てん【35てん】

①

ぞう

②

こぜに

③

すず

④

かざん

⑤

きじ

⑥

あんず

⑦

じてんしゃ

クイズ

「゛」（てんてん）を つけると、たべものの なまえに なるのは どれかな。

①こま ②すす ③まと

こたえ ▶ 87ぺえじ

16 「゛」(てんてん)の つく ひらがな だ・ぢ・づ・で・ど ば・び・ぶ・べ・ぼ

もくひょう 10ぷん

がつ にち

とくてん てん

1 「゛」(てんてん)の つく ひらがなを かきましょう。 ぜんぶ かけて【15てん】

だ ぢ づ で ど

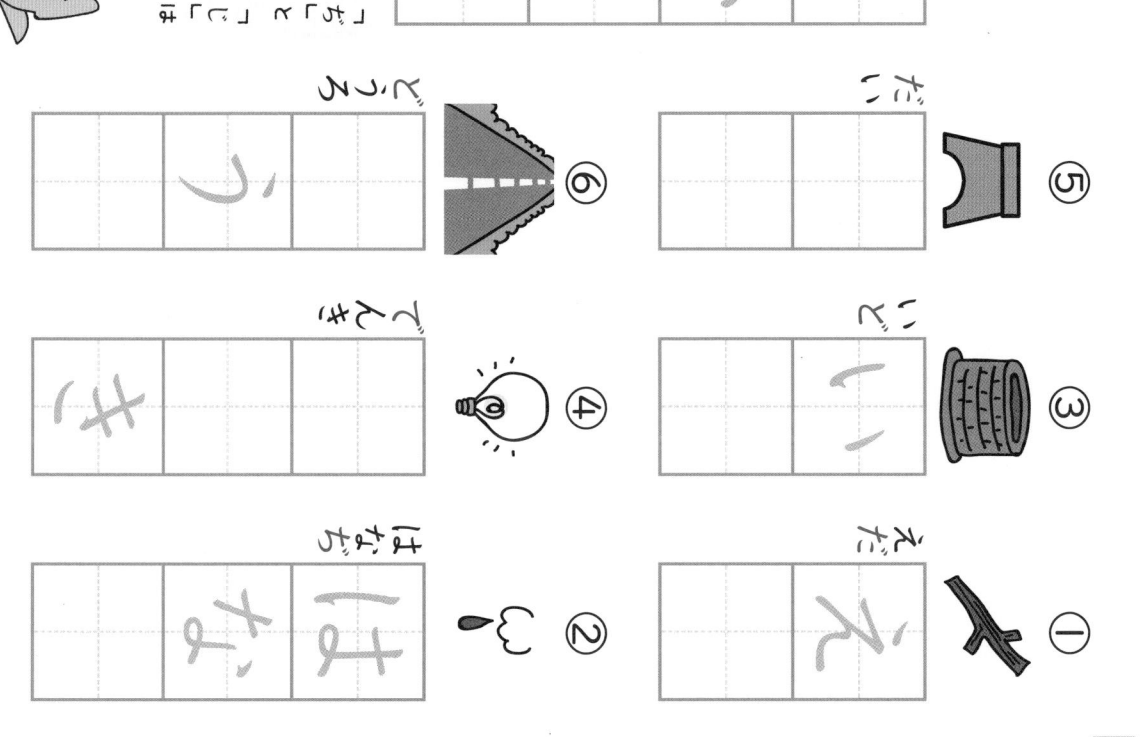

2 えに あう ことばを □に かきましょう。 ひとつ5てん【35てん】

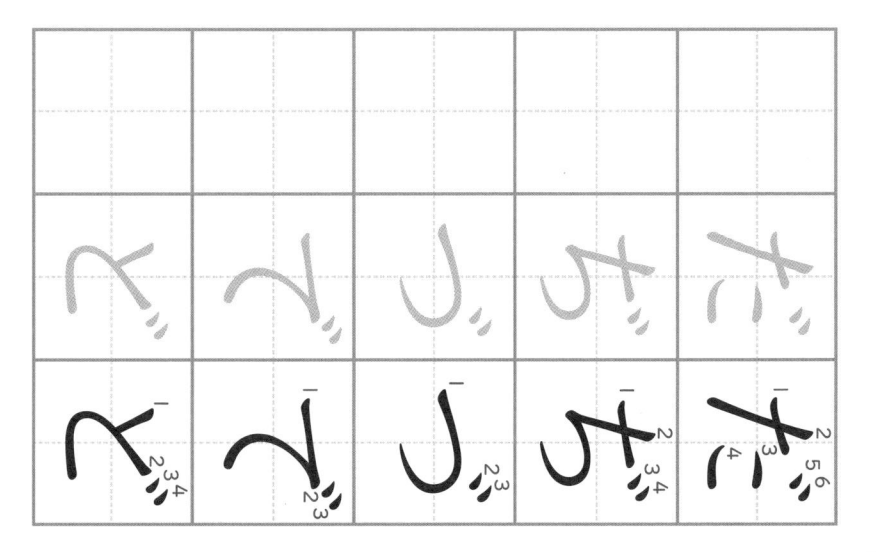

①  えだ

②  はなぢ

③  いど

④  でんき

⑤  だい

⑥  どうろ

⑦  みかづき

「ぢ」と 「じ」は まちがえやすいので ちゅういだよ。

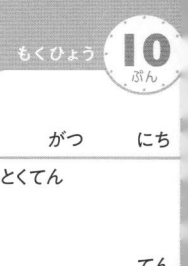

3 「゛（てんてん）」の つく ひらがなを かきましょう。

ぜんぶ かけて【15てん】

ば び ぶ べ ぼ

4 えに あう ことばを □に かきましょう。

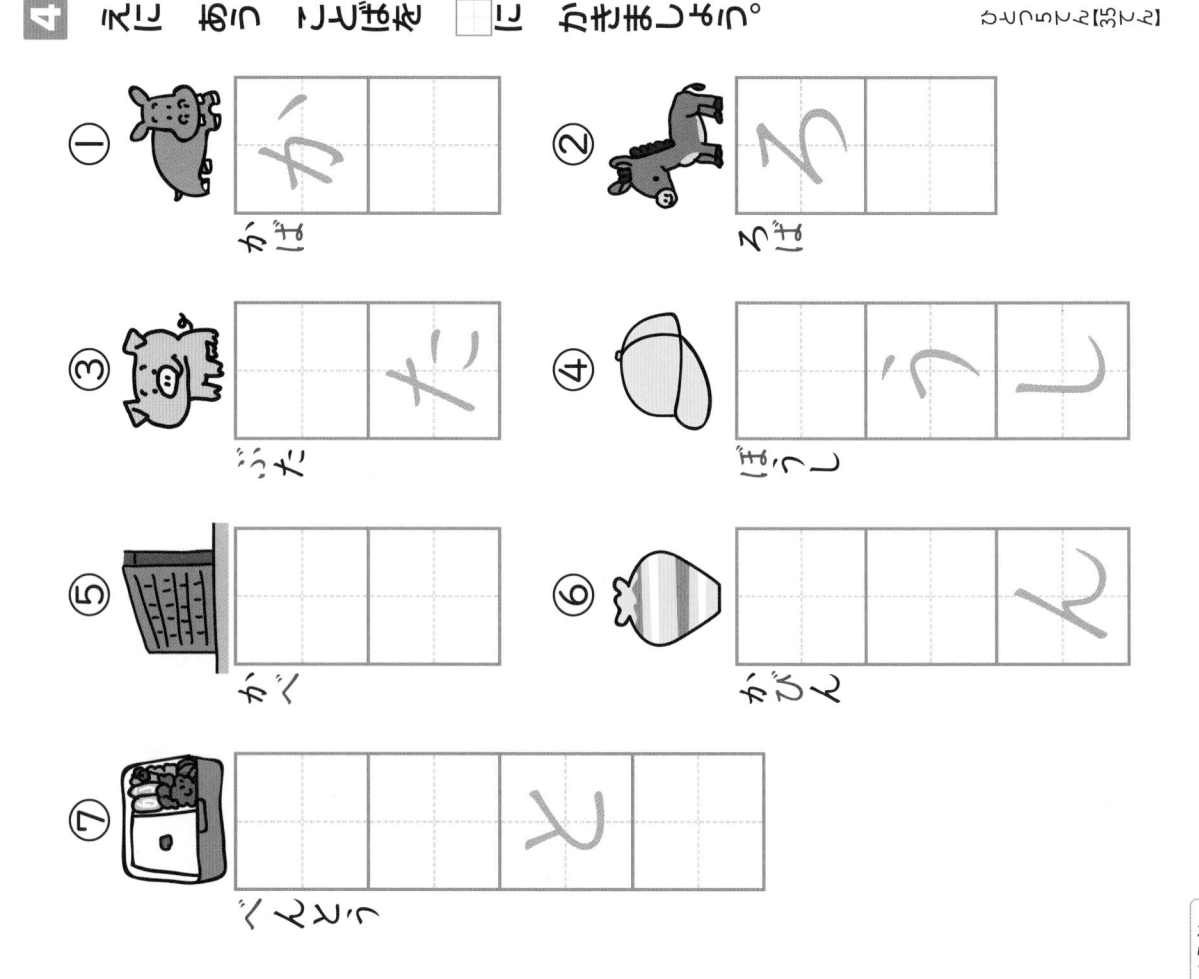

ひとつ5てん【35てん】

①  かば

②  ろば

③  ぶた

④  ぼうし

⑤  かべ

⑥  かびん

⑦  べんとう

クイズ

「゛」（てんてん）を つけると、どうぶつの なまえに なるのは どれかな。

① いと ② てんき ③ ふた

こたえ ▶ 87ぺえじ

17 「○(まる)」の つく ひらがな
ぱ・ぴ・ぷ・ぺ・ぽ

もくひょう 10ぷん

がつ にち

とくてん てん

1 「○(まる)」の つく ひらがなを かきましょう。 ぜんぶ かけて【30てん】

ぱ	ぱ	
ぴ	ぴ	
ぷ	ぷ	
ぺ	ぺ	
ぽ	ぽ	

「○(まる)」は、ひとつの じを かきおわった あとで、その じの みぎうえに つけるよ。◎のように、とけいまわりに かくよ。

2 えに あう ことばを □に かきましょう。 ひとつ5てん【40てん】

①  さんぽ

② 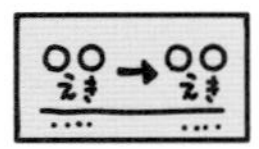 きっぷ

③  はっぱ

④ 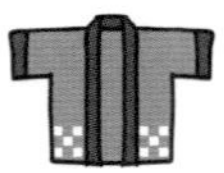 はっぴ

⑤  かっぱ

⑥  しっぽ

⑦  しっぷ

⑧  らっぱ

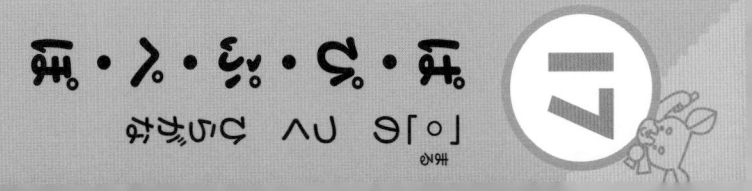

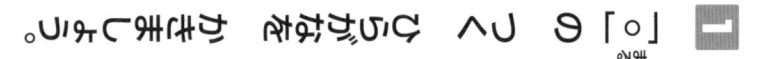

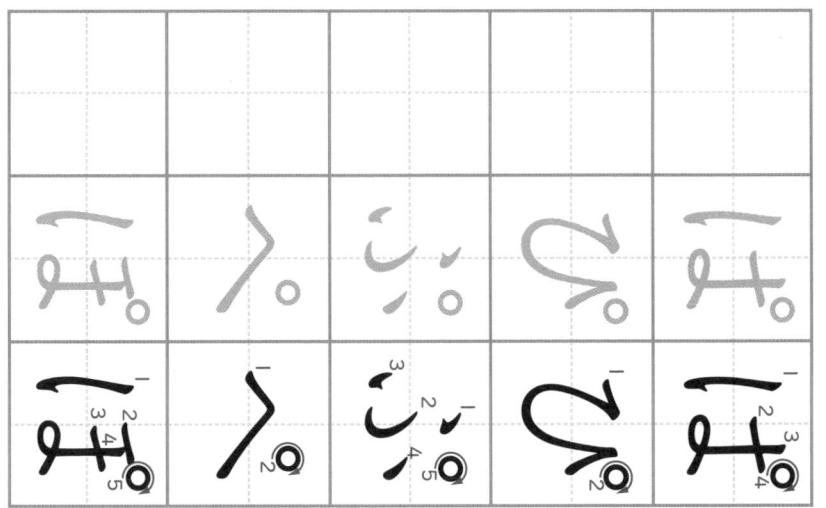

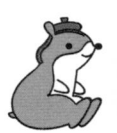

3 「。（まる）」を ただしく つけて、えに あう ことばに しましょう。

ひとつ5てん【30てん】

① 
はらつは →

② 
たんほほ →

③ 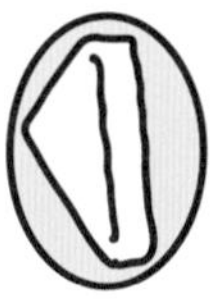
はんへん →

④ 
ゆたんほ →

⑤ 
えんひつ →

⑥ 
てつはんやき →

「はひふへほ」の
どれかに、
「。」が つくよ。

クイズ

「。」（まる）が つく ことばで、でんしゃに のる ときに つかう ものは どれかな。

① きつぷ ② しつぷ ③ はつぴ

こたえ ▶ 87ぺえじ

18 ひらがなの　のばす　おん

もくひょう 10ぷん

がつ　にち

とくてん　てん

1 のばす　おんの　ある　ことばを　よみましょう。

ぜんぶ よめて【50てん】

① あ
- おかあさん
- おばあさん

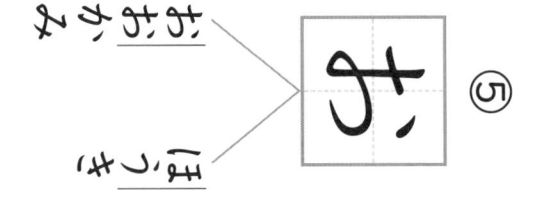

② い
- おにいさん
- おじいさん

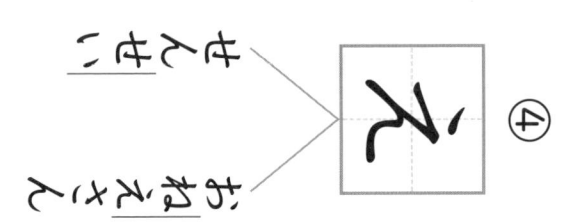

③ う
- ふうりん
- すうじ

④ え
- おねえさん
- せんせい

⑤ お
- ほうき
- おおかみ

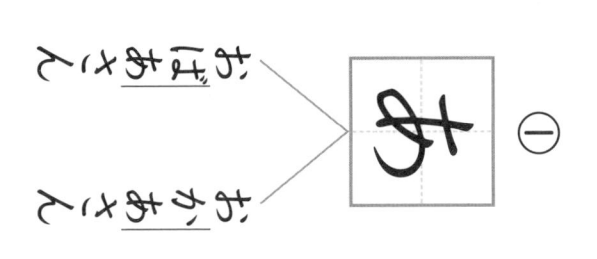

のばす　おんには「あいうえお」の　どれかが　はいって　いるね。

こえに　だして　よんで　みよう。

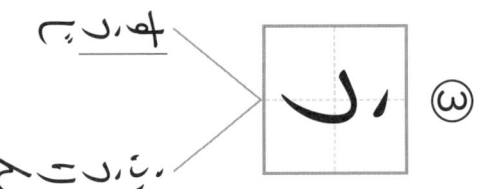

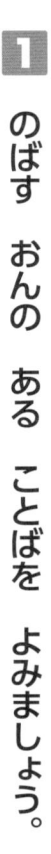

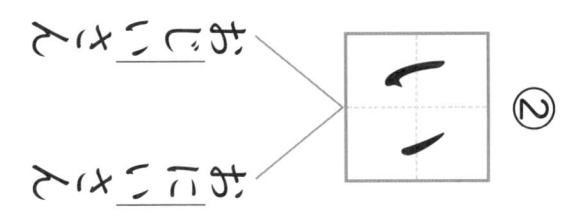

2 のばす おんの ある ことばを なぞりましょう。

ひとつ5てん【20てん】

①  こおろぎ

②  おうさま

③  ひこうき

④  おとうと

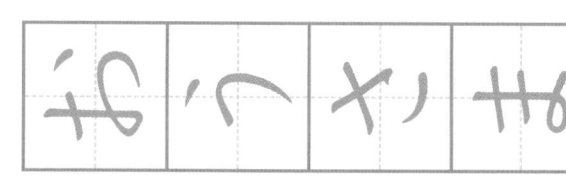

3 のばす おんの かきかたが ただしい ほうを、▢で かこみましょう。

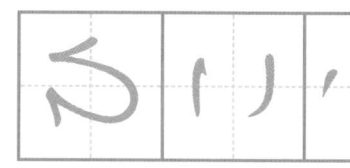

ひとつ5てん【30てん】

① とけい / とけえ

② こうり / こおり

③ せんべえ / せんべい

④ ふくろう / ふくろお

⑤ すいええ / すいえい

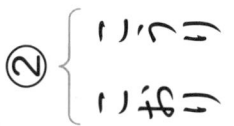

⑥ いもうと / いもおと

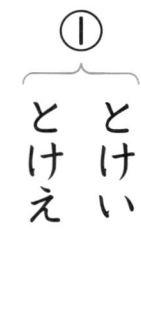

クイズ

ゆかを はく ときに つかう どうぐの なまえで、ただしいのは どれかな。

① ほうき ② ほおき ③ ほき

こたえ ▶ 87ぺえじ

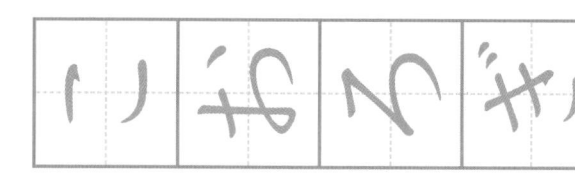

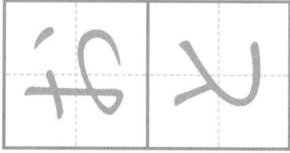

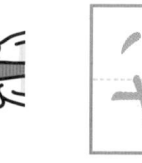

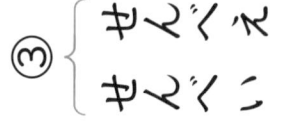

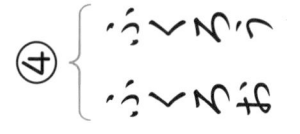

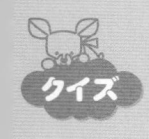

19 ちいさい 「や・ゆ・よ・っ」の つく ことば①

もくひょう 10ぷん

がつ にち

とくてん てん

1 うすい じを なぞってから かきましょう。ちいさい 「や・ゆ・よ・っ」は、□の みぎうえに かきます。

ぜんぶ かけて【20てん】

や	や	ことばを よもう：こうちゃ じてんしゃ
ゆ	ゆ	ことばを よもう：きゅうり ちゅうしゃ
よ	よ	ことばを よもう：しょうゆ りょこう
つ	っ	ことばを よもう：しっぽ ねっこ

2 ちいさい 「ゃ・ゅ・ょ」が つく じを よみましょう。

ぜんぶ よめて【10てん】

きゃ　きゅ　きょ　しゃ　しゅ　しょ
ちゃ　ちゅ　ちょ　にゃ　にゅ　にょ
ひゃ　ひゅ　ひょ　みゃ　みゅ　みょ
りゃ　りゅ　りょ
ぎゃ　ぎゅ　ぎょ　じゃ　じゅ　じょ
ぢゃ　ぢゅ　ぢょ　びゃ　びゅ　びょ
ぴゃ　ぴゅ　ぴょ

3 ひょうの うすい じを なぞりましょう。

ぜんぶ なぞれて【70てん】

きゃ	きゅ	きょ
ぎゃ	ぎゅ	ぎょ
しゃ	しゅ	しょ
じゃ	じゅ	じょ
ちゃ	ちゅ	ちょ
ぢゃ	ぢゅ	ぢょ
にゃ	にゅ	にょ
ひゃ	ひゅ	ひょ
びゃ	びゅ	びょ
ぴゃ	ぴゅ	ぴょ
みゃ	みゅ	みょ
りゃ	りゅ	りょ

なぞったら、
こえに だして
よんで みよう！

ちいさい
「ゃ・ゅ・ょ」は、
かく ます（しかく）の
ばしょにも
ちゅういだよ。

クイズ

けがや びょうきの ときに いく ところの なまえで ただしいのは どれかな。

① びょういん ② びょうりん ③ ひょういん

こたえ ▶ 87ぺえじ

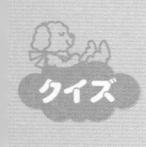

20 ちいさい「ゃ・ゅ・ょ・っ」の つく ことば②

もくひょう 10ぷん

がつ　にち

とくてん　　てん

1 えに あう ことばを □に かきましょう。　ひとつ4てん【40てん】

①  きって

②  はっぱ

③  きしゃ

④  ひょう

⑤  いしゃ

⑥  ばった

⑦ 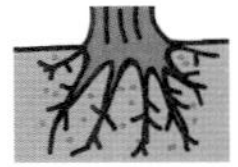 ねっこ

⑧  しっぽ

⑨  じゃんけん

⑩ 

ろっぴゃくえん

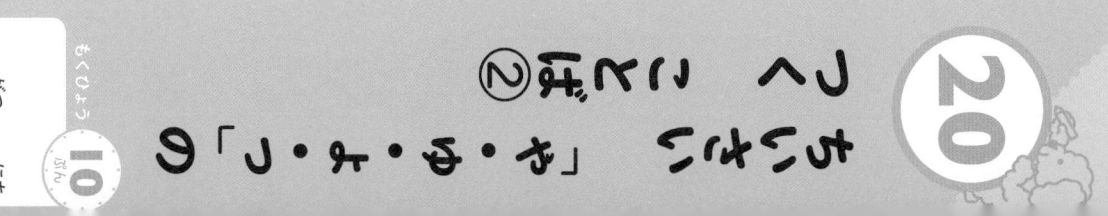

2 ただしい ことばに かきなおしましょう。

ひとつ10てん【60てん】

①  しゅじんこう → しゅじんこう

②  じどうしや →

③  せつけん →

④  きゆうり →

⑤  もつきん →

⑥  ちよきんばこ →

ちいさい「ゃ・ゅ・ょ・っ」をかく ます（しかく）のばしょにも ちゅういしてね。

クイズ

てがみや はがきに はる ものの なまえで、ただしいのは どれかな。

① きって ② きつて ③ きて

こたえ ▶ 87ぺえじ

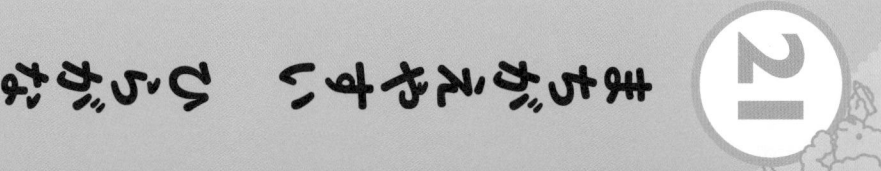

21 まちがえやすい　ひらがな

もくひょう 10ぷん

がつ　にち

とくてん　　てん

1 えに　あう　ほうの　ことばを、（　）で　かこみましょう。 ひとつ5てん【50てん】

①

ねこ　れこ

②

いめ　いぬ

③

つくし　てくし

④

うさき　うさぎ

⑤

ちよう　ちょう

⑥

わりばし　ねりばし

⑦

ぽうし　ぼうし

⑧
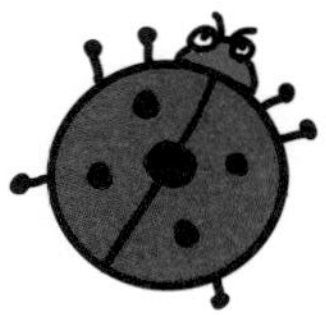
むし　なし

⑨

らっぱ　らつぱ

⑩

ろうそく　るうそく

2 ただしい　ことばに　かきなおしましょう。

ひとつ5てん【50てん】

①

ほこ ↓

②

かぬ ↓

③

そう ↓

④

はい ↓

⑤

おめ ↓

⑥

よくら ↓

⑦

ちす ↓

⑧

ほたけ ↓

⑨

れいぞこ ↓

⑩

ねつたいぎよ ↓

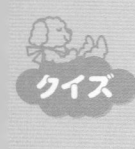

クイズ

なつに　さく　はなの　なまえで、ただしいのは　どれかな。

① ひまわい　② ひまわり　③ ひまれり

こたえ ▶ 87ぺえじ

22 かくにんてすと①

なまえ

もくひょう 15ふん

がつ　にち

とくてん　てん

1 えに　あう　ことばを　□に　かきましょう。 ひとつ4てん【20てん】

①  し っ □

②  は な □

③  ち □ □

④  □ □ き

⑤  み □ で □ □ う

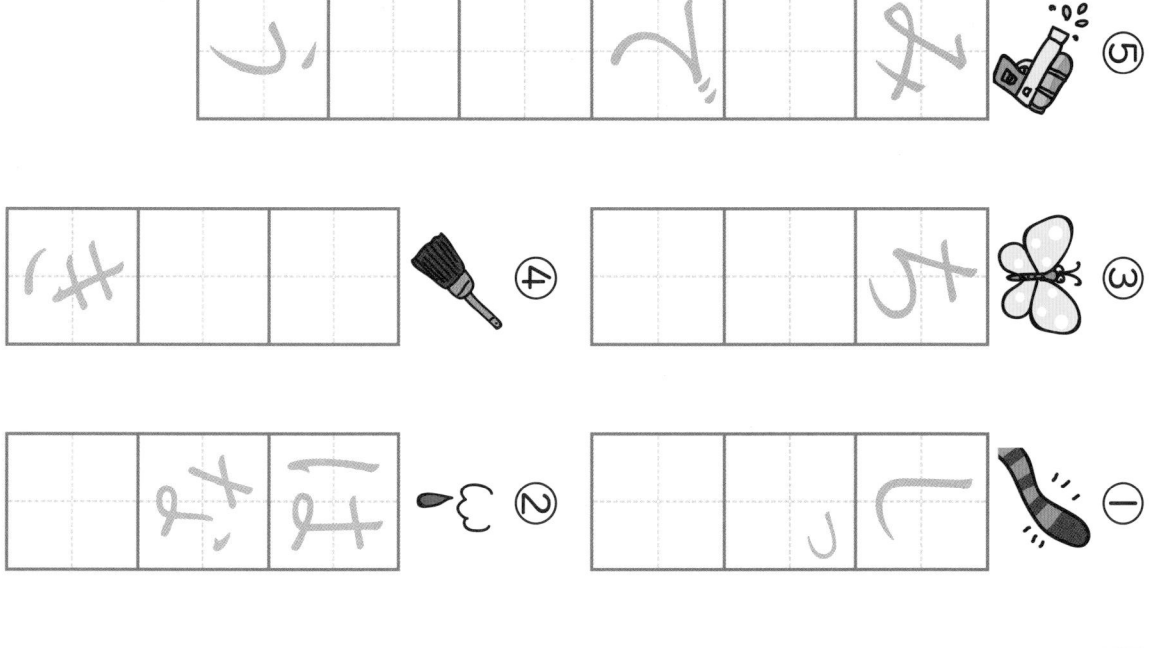

2 えに　あう　ほうの　ことばを、（　）で　かこみましょう。 ひとつ5てん【20てん】

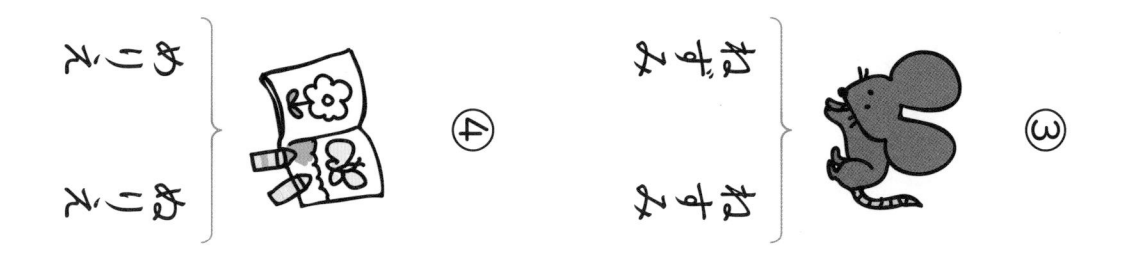

① 
いるか
りるか

② 

きつて
きって

③ 
ねすみ
ねずみ

④ 
ぬりえ
めりえ

3 えに あう ことばを □に かきましょう。

ひとつ10てん【40てん】

① 

た□□□ の わたげ。

② 

り□□ の かわを むく。

③ 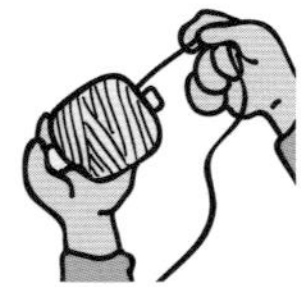

け□□を まく。

④ 

ら□□ が □い を わる。

4 えに あう ぶんを つくりましょう。

ひとつ10てん【20てん】

① 

ふ□を きき□。

② 

さ□□□ □る。

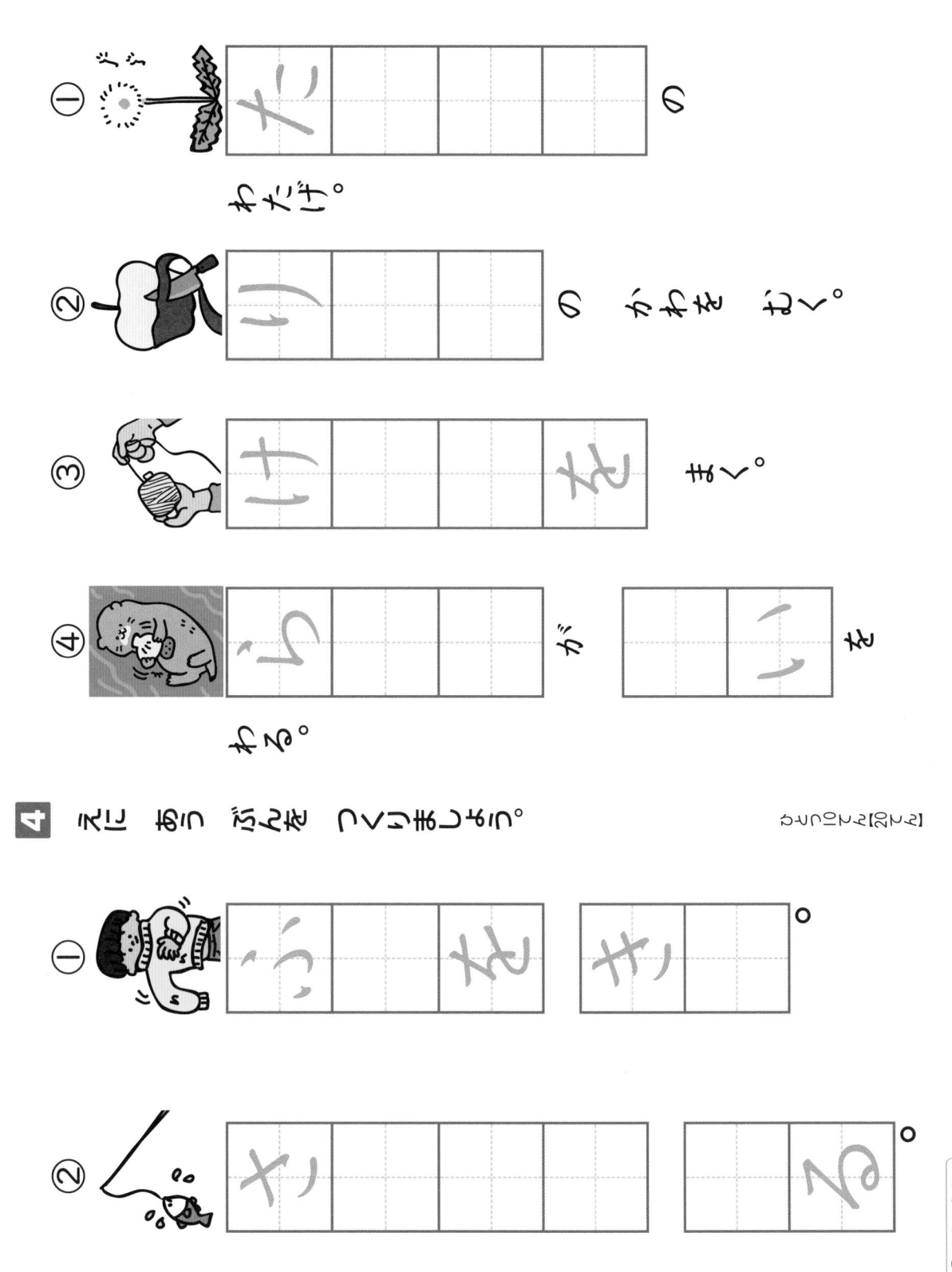

こたえ ▶ 88ぺえじ

23 かたかなを　かこう

ア・イ・ウ・エ・オ

もくひょう 10ぷん

がつ　にち

とくてん　てん

ゆびで　なぞりましょう。

うすい　じを　なぞってから　かきましょう。

ぜんぶ　かけて【50てん】

あ

ア（はらう）

かきじゅん：フ　ア

ことばを　よもう

アイロン
コアラ
ドア

い

イ（はらう・とめる）

かきじゅん：ノ　イ

ことばを　よもう

インク
イラスト
コイン

う

ウ（とめる・はらう）

かきじゅん：'　'' 　ウ

ことばを　よもう

ウクレレ
ウインナー
ウエハース

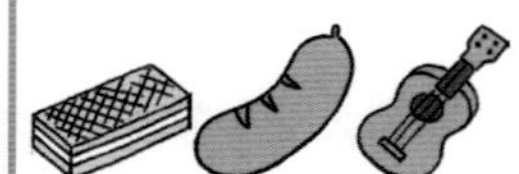

え

エ（とめる・とめる）

かきじゅん：一　T　エ

ことばを　よもう

エプロン
エレベーター
バレエ

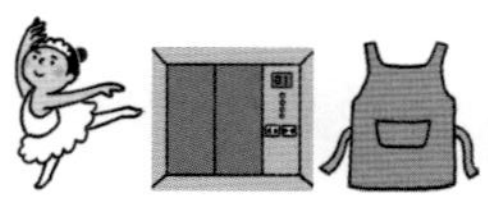

お

オ（とめる・はねる・はらう）

かきじゅん：一　ナ　オ

ことばを　よもう

オイル
オクラ
オルゴール

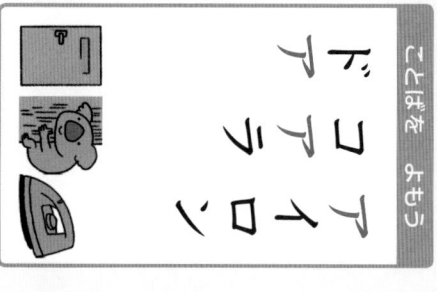

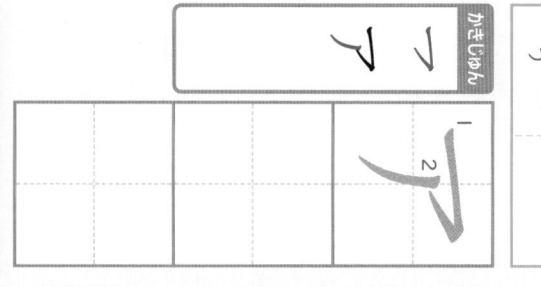

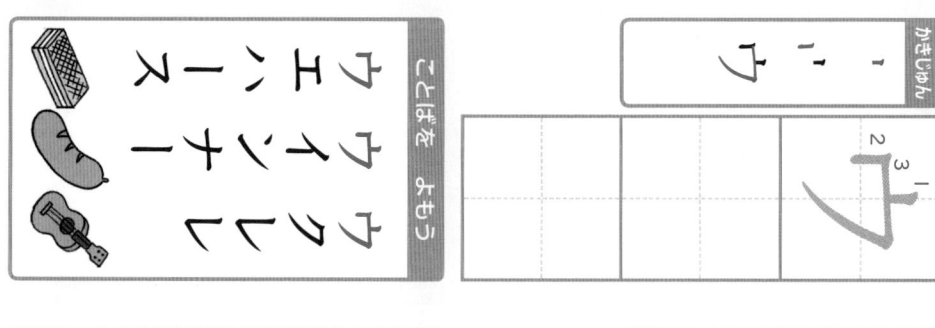

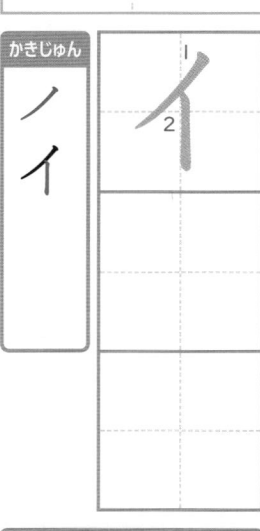

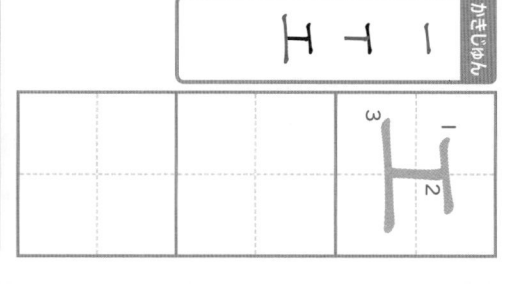

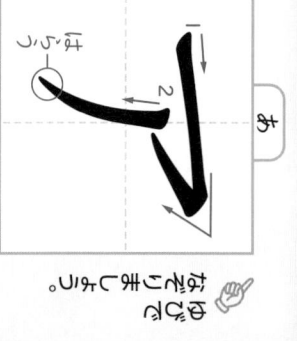

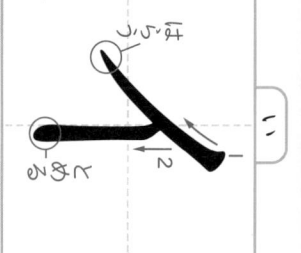

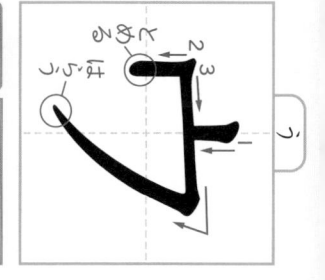

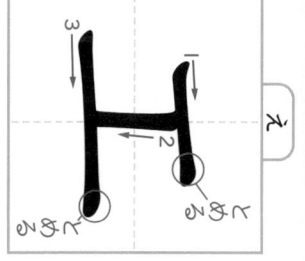

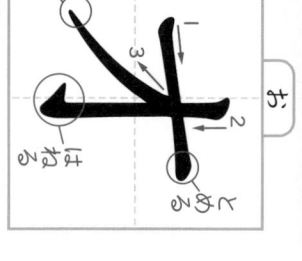

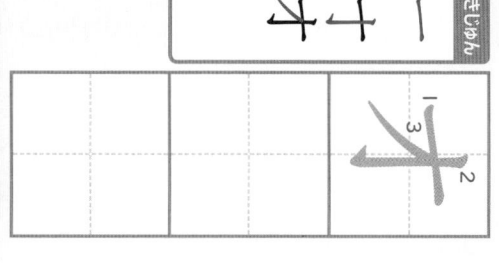

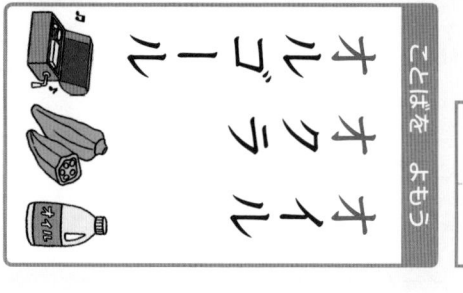

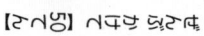

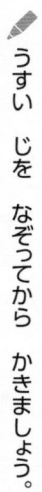

えを みて、□に あう じを かきましょう。

ひとつ5てん【50てん】

① 

□ンク

インク（いんく）

② 

コ□ン

コイン（こいん）

③ 

バレ□

バレエ（ばれえ）

④ 

□クラ

オクラ（おくら）

⑤ 

コ□ラ

コアラ（こあら）

⑥ 

□□ル

オイル（おいる）

⑦ 

□プロン

エプロン（えぷろん）

⑧ 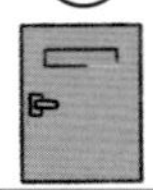

ド□

ドア（どあ）

⑨ 

□ルゴール

オルゴール（おるごうる）

⑩ 

□□ハース

ウエハース（うえはあす）

ひとつ ひとつ
ていねいに
かこう！

クイズ

「ド□」「□イロン」「コ□ラ」の、どの □にも はいる じは どれかな。

① ア　② ウ　③ オ

こたえ ▶ 88ページ

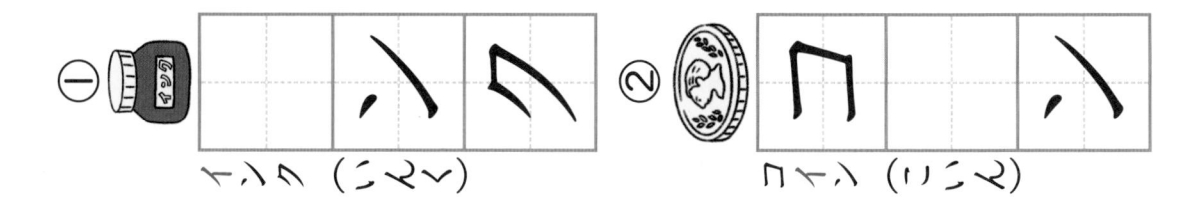

24 かたかなを かこう

カ・キ・ク・ケ・コ

もくひょう 10ぷん

がつ にち

とくてん てん

ゆびで なぞりましょう。

うすい じを なぞってから かきましょう。

ぜんぶ かけて【50てん】

か

カ（1 2 はねる はらう）

かきじゅん：フ カ

ことばを よもう

カード
カメラ
カンガルー

き

キ（1 2 3 とめる とめる とめる）

かきじゅん：一 二 キ

ことばを よもう

キウイ
キック
キャラメル

く

ク（1 2 はらう）

かきじゅん：ノ ク

ことばを よもう

クイズ
クレヨン
クリスマス

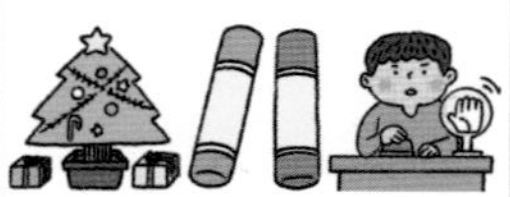

け

ケ（1 2 3 とめる はらう）

かきじゅん：ノ ト ケ

ことばを よもう

ケーキ
ケース
ケチャップ

こ

コ（1 2 とめる）

かきじゅん：フ コ

ことばを よもう

ココア
コップ
コンパス

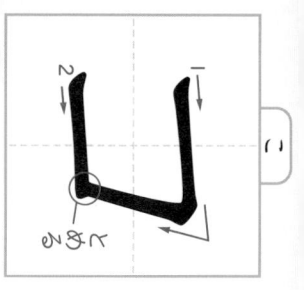

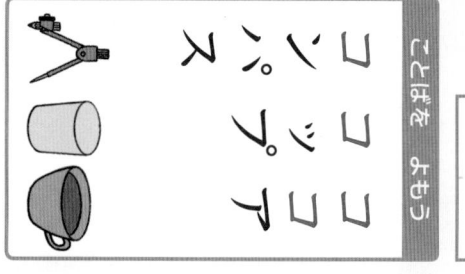

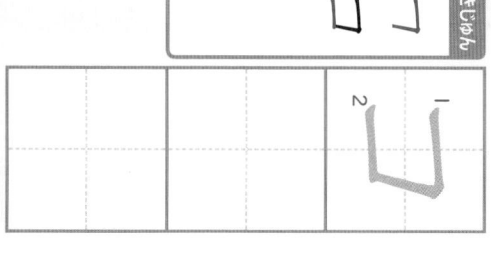

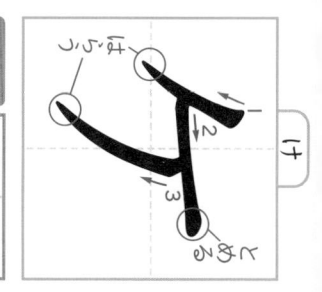

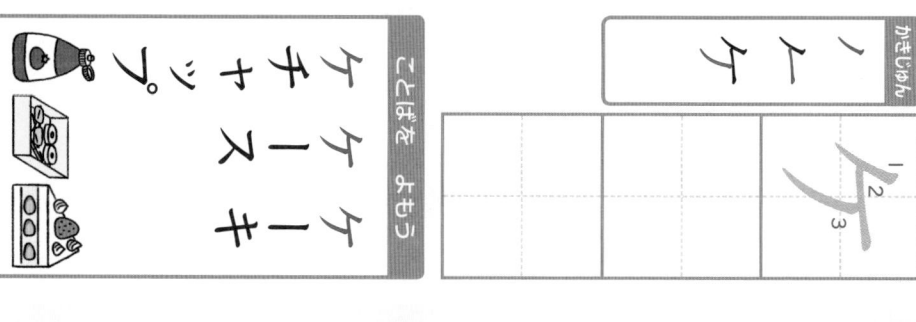

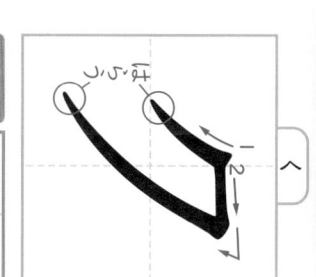

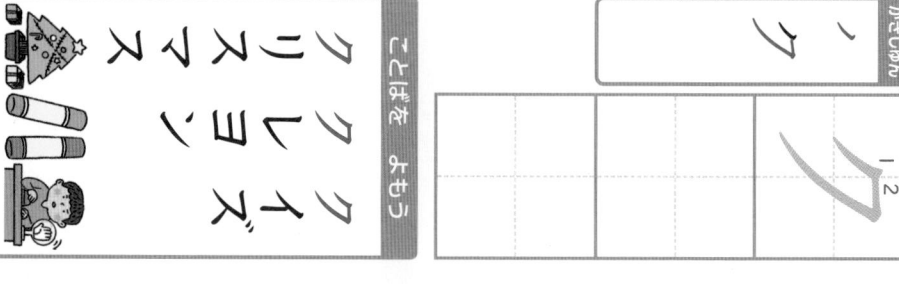

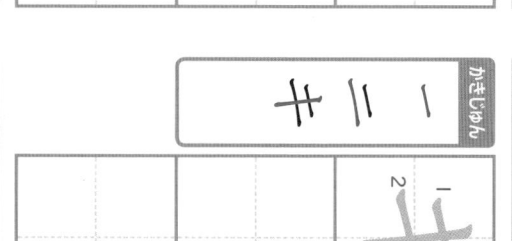

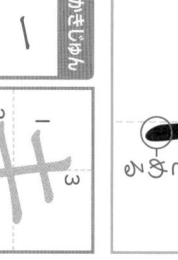

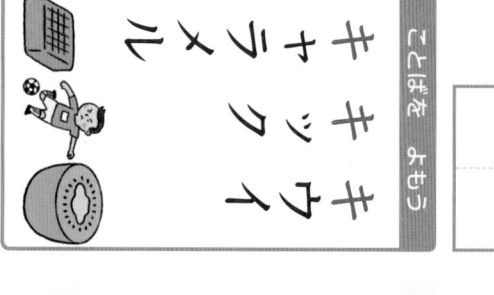

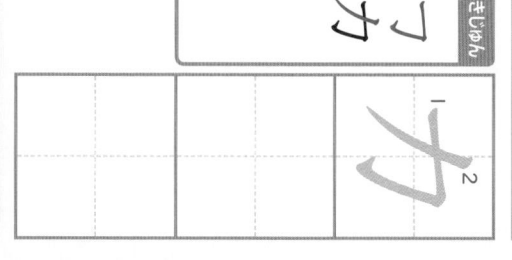

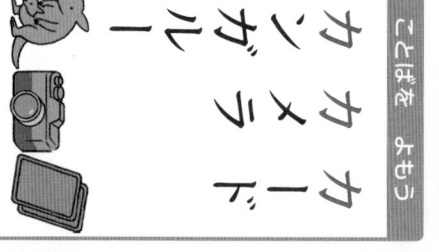

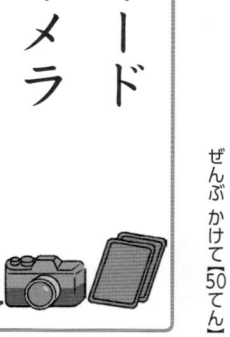

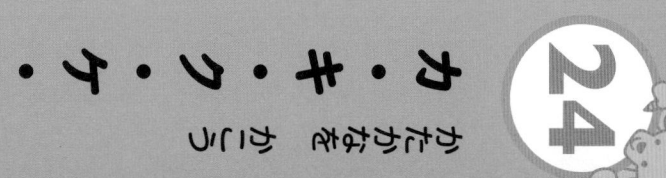

■ えを みて、□に あう じを かきましょう。

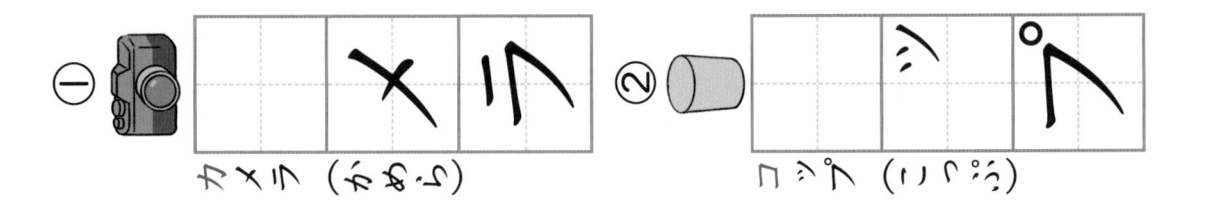

ひとつ5てん【50てん】

① 
カメラ（かめら）
□メラ

② 
コップ（こっぷ）
□ップ

③ 
ケース（けえす）
□ース

④ 
キック（きっく）
□ッ□

⑤ 
カード（かあど）
□ード

⑥ 
ケーキ（けえき）
□ー□

⑦ 
ココア（ここあ）
□□□

⑧ 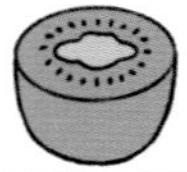
キウイ（きうい）
□□□

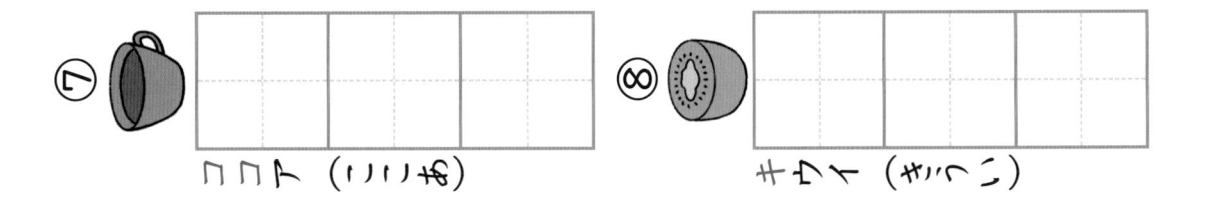

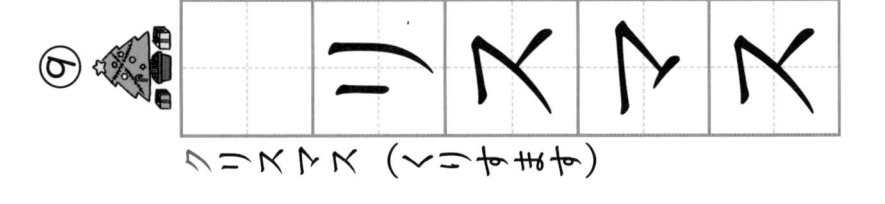

⑨ 
クリスマス（くりすます）
□リスマス

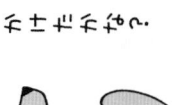

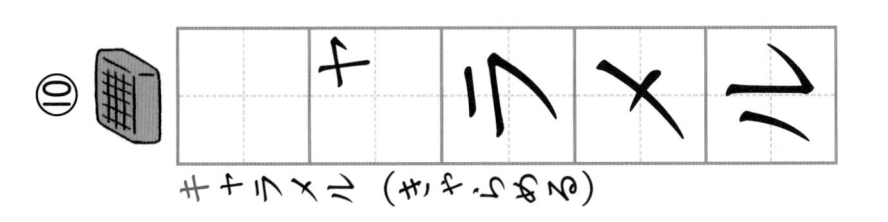

⑩ 
キャラメル（きゃらめる）
□ャラメル

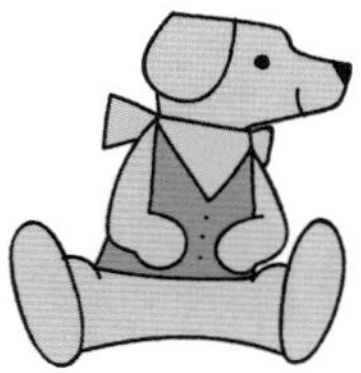

じょうずに かけたかな？

クイズ

「□レヨン」「□イズ」「キッ□」の、どの □にも はいる じは どれかな。

①カ ②ク ③コ

こたえ ▶ 88ページ

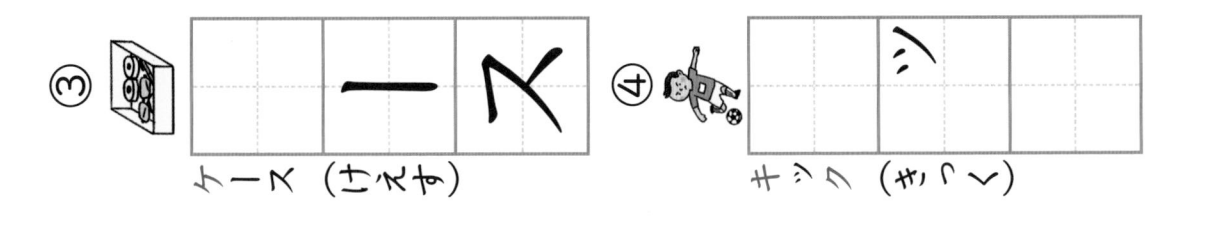

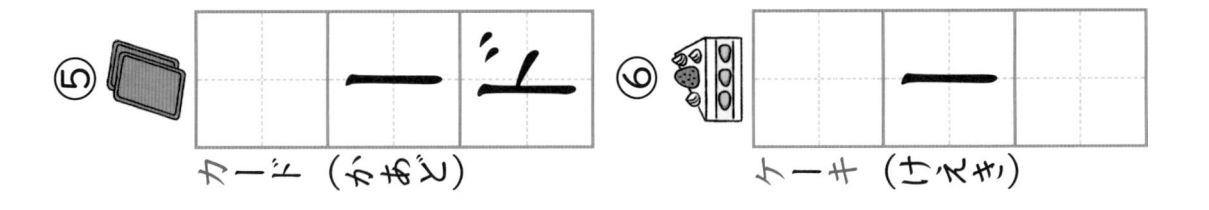

25 かたかなを かこう
サ・シ・ス・セ・ソ

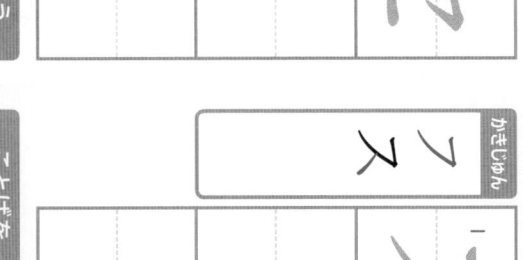

もくひょう 10ぷん

がつ　にち

とくてん　てん

ゆびで なぞりましょう。

うすい じを なぞってから かきましょう。

ぜんぶ かけて【50てん】

さ
サ（とめる・はらう）

かきじゅん：一 十 サ

ことばを よもう
- サイン
- サラダ
- サングラス

し
シ（とめる・とめる・はらう）

かきじゅん：、 ミ シ

ことばを よもう
- シーツ
- シール
- シーソー

す
ス（はらう・とめる）

かきじゅん：フ ス

ことばを よもう
- スープ
- スキー
- スリッパ

せ
セ（とめる）

かきじゅん：一 セ

ことばを よもう
- セール
- セロリ
- セーター

そ
ソ（とめる・はらう）

かきじゅん：、 ソ

ことばを よもう
- ソース
- ソックス
- ソーセージ

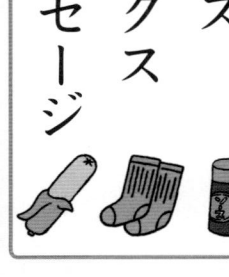

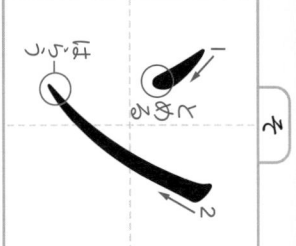

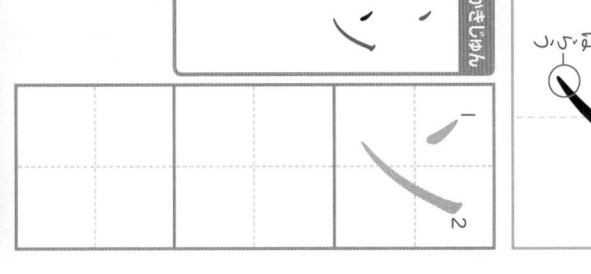

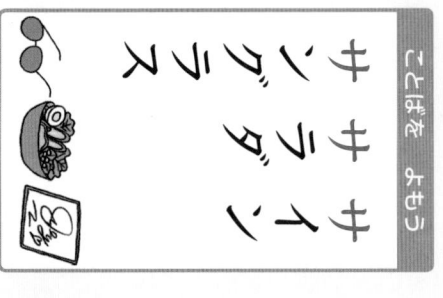

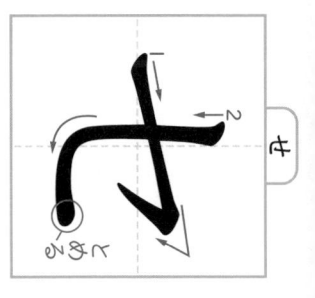

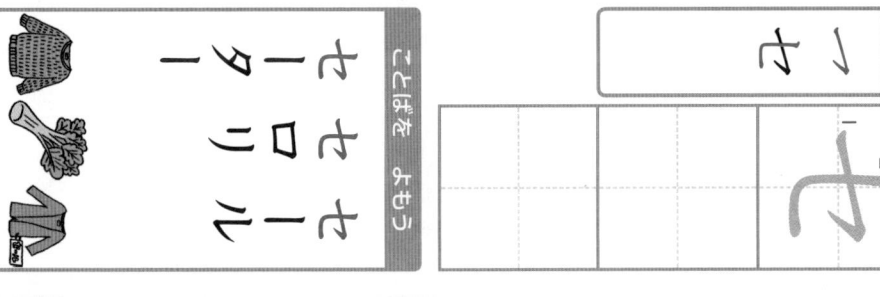

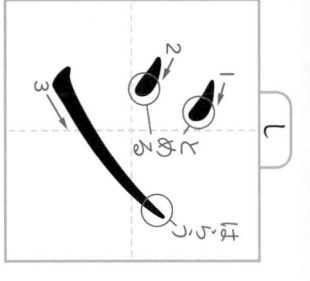

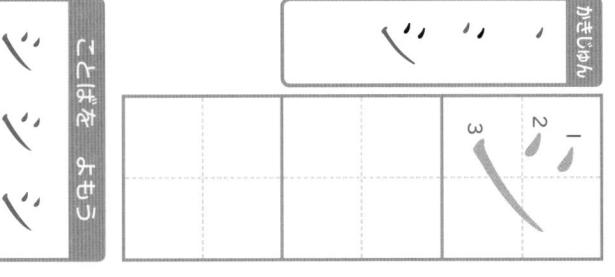

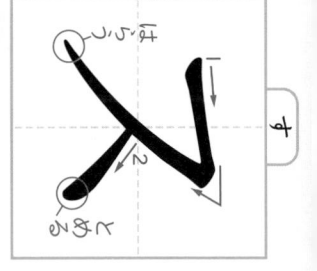

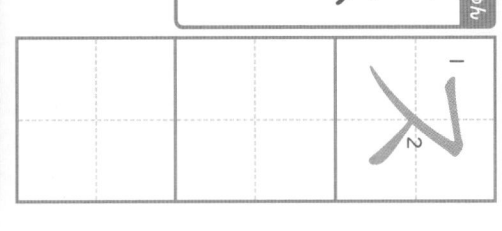

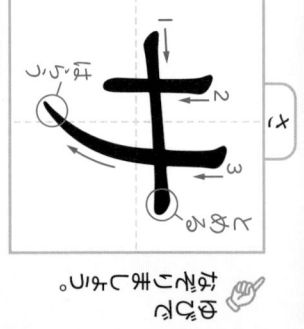

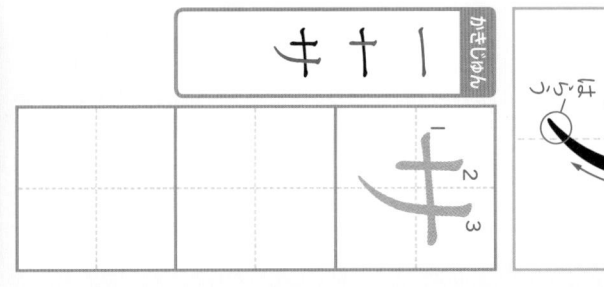

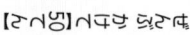

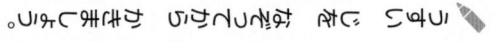

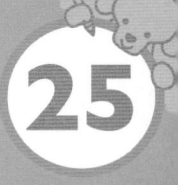

えを みて、□に あう じを かきましょう。

ひとつ5てん【50てん】

① 
□ロリ
セロリ（せろり）

② 
□ラダ
サラダ（さらだ）

③ 
□ール
シール（しいる）

④ 
□ープ
スープ（すうぷ）

⑤ 
□□ー
スキー（すきい）

⑥ 
□ーツ
シーツ（しいつ）

⑦ 
□ー□
ソース（そうす）

⑧ 
□□ン
サイン（さいん）

⑨ 
□ングラ□
サングラス（さんぐらす）

⑩ 
□ー□ージ
ソーセージ（そうせえじ）

がいこくから
きた ことばは、
かたかなで
かくよ。

クイズ

「□ール」「□ーツ」「□ーソー」の、どの □にも はいる じは どれかな。

① シ ② ス ③ ソ

こたえ ▶ 88ページ

26

かたかなを　かこう

タ・チ・ツ・テ・ト

もくひょう 10ぷん

がつ　にち

とくてん　てん

ゆびで　なぞりましょう。

うすい　じを　なぞってから　かきましょう。

ぜんぶ　かけて【50てん】

た

タ（1・2・3　はらう）

かきじゅん：ノ　ク　タ

ことばを　よもう

タイツ

タオル

タクシー

ち

チ（1・2・3　とめる　はらう）

かきじゅん：ノ　二　チ

ことばを　よもう

チーズ

チーター

ベンチ

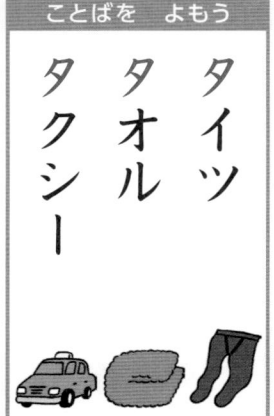

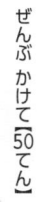

つ

ツ（1・2・3　とめる　はらう）

かきじゅん：、　ヽヽ　ツ

ことばを　よもう

シャツ

バケツ

ブーツ

て

テ（1・2・3　とめる　はらう）

かきじゅん：一　二　テ

ことばを　よもう

テレビ

テント

テーブル

と

ト（1・2　とめる　とめる）

かきじゅん：丨　ト

ことばを　よもう

トマト

トースト

トランプ

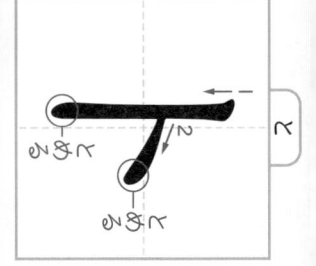

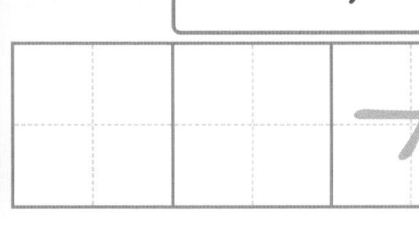

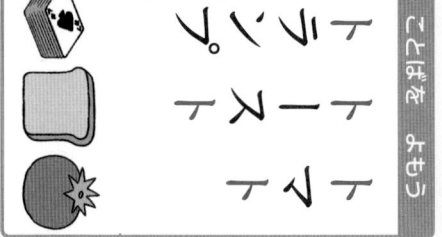

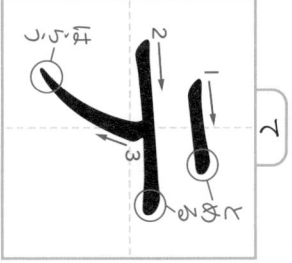

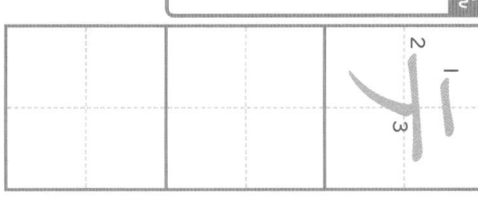

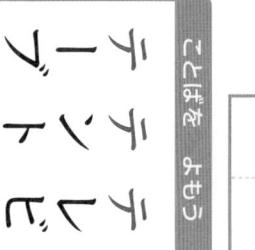

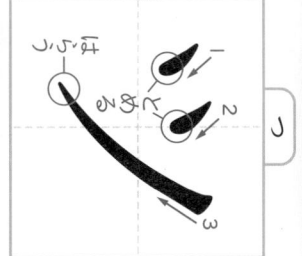

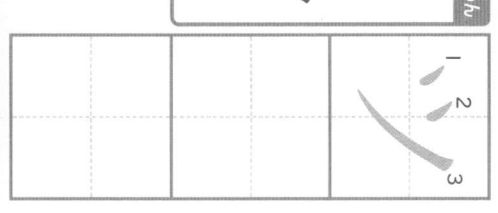

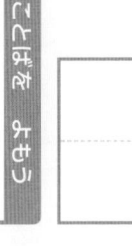

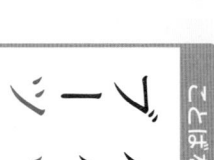

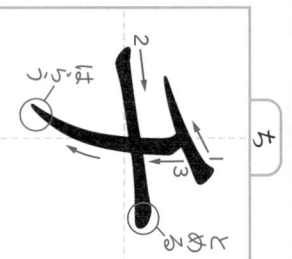

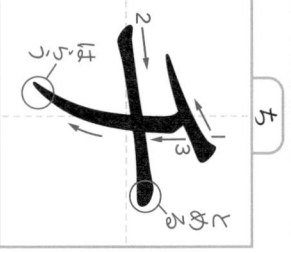

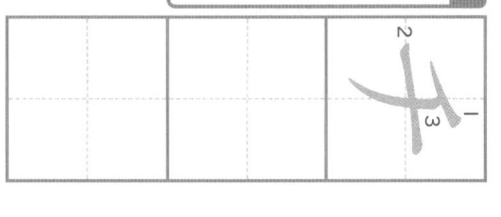

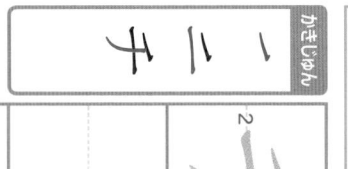

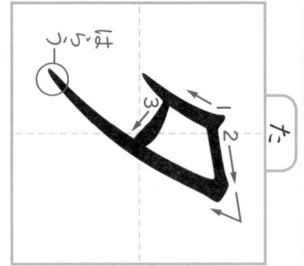

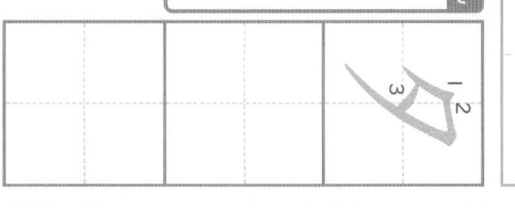

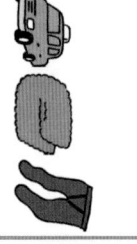

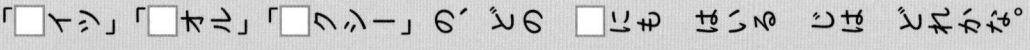

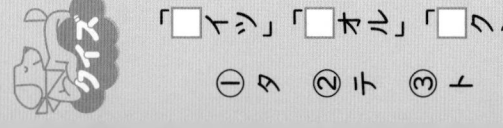

えを みて、□に あう じを かきましょう。

ひとつ5てん【50てん】

①  ブーツ（ぶうつ）

②  テレビ（てれび）

③  シャツ（しゃつ）

④  タオル（たおる）

⑤  チーズ（ちいず）

⑥  テント（てんと）

⑦  トマト（とまと）

⑧  タイツ（たいつ）

⑨  トランプ（とらんぷ）

⑩  チーター（ちいたあ）

「ツ」と「シ」は、かたちが にて いるから ちゅういしよう。

クイズ

「□イツ」「□オル」「□クシー」の、どの □にも はいる じは どれかな。

①タ ②テ ③ト

こたえ ▶ 88ページ

27 かたかなを　かこう

ナ・ニ・ヌ・ネ・ノ

もくひょう 10ぷん

がつ　にち

とくてん　てん

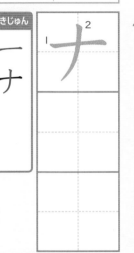

ゆびで　なぞりましょう。

うすい　じを　なぞってから　かきましょう。

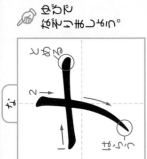

ぜんぶ　かけて【50てん】

な

はらう　とめる

かきじゅん　一　ナ

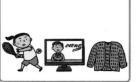

ことばを　よもう

ナース
ナイフ
ナッツ

に

とめる　とめる

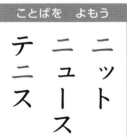

かきじゅん　一　ニ

ことばを　よもう

ニット
ニュース
テニス

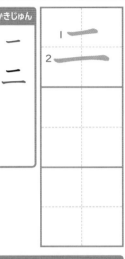

ぬ

はらう　とめる

かきじゅん　フ　ヌ

ことばを　よもう

ヌードル
カヌー
マドレーヌ

ね

はらう　とめる　とめる

かきじゅん　、　ラ　ネ　ネ

ことばを　よもう

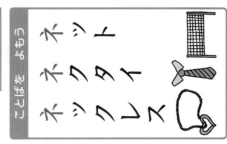

ネット
ネクタイ
ネックレス

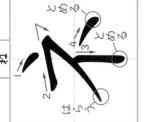

の

はらう

かきじゅん　ノ

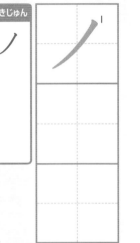

ことばを　よもう

ノート
ノック
ピアノ

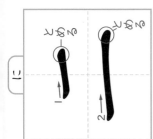

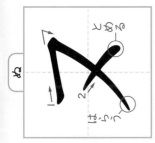

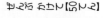

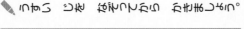

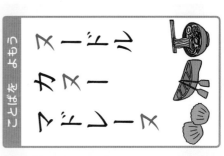

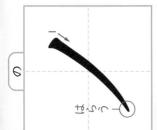

えを みて、□に あう じを かきましょう。

ひとつ５てん【50てん】

① 
□ ツ □
ナッツ（なっつ）

② 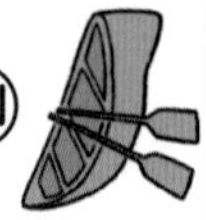
□ □ ー
カヌー（かぬう）

③ 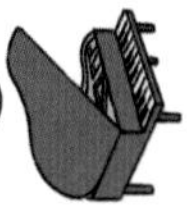
ピ □ □
ピアノ（ぴあの）

④ 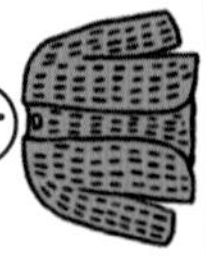
□ ツ □
ニット（にっと）

⑤ 
□ □ フ
ナイフ（ないふ）

⑥ 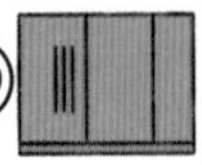
□ ー □
ノート（のうと）

⑦ 
□ ツ □
ノック（のっく）

⑧ 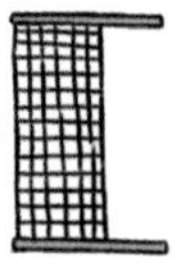
□ ツ □
ネット（ねっと）

⑨ 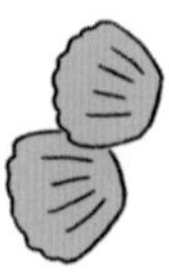
マ ド レ ー □
マドレーヌ（まどれえぬ）

⑩ 
□ ツ □ レ □
ネックレス（ねっくれす）

ちいさい「ッ」や、のばす おんの「ー」も きちんと おぼえよう。

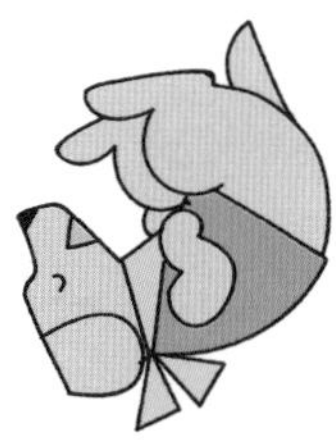

「□ット」「テ□ス」「ハーモ□カ」の、どの □にも はいる じは どれかな。

①ナ　②ニ　③ネ

こたえ ▶ 88ページ

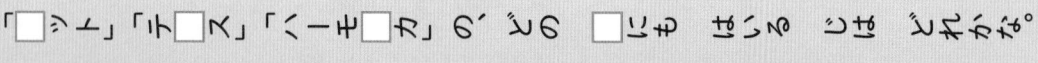

28 かたかなを　かこう

ハ・ヒ・フ・ヘ・ホ

もくひょう 10ぷん

がつ　にち

とくてん　てん

ゆびで　なぞりましょう。

うすい　じを　なぞってから　かきましょう。

ぜんぶ かけて【50てん】

は

ハ　1 はらう　2 とめる

かきじゅん：ノ　ハ

ことばを　よもう

ハム
ハート
ハープ

ひ

ヒ　1 とめる　2 とめる

かきじゅん：一　ヒ

ことばを　よもう

ヒント
ヒヤシンス
コーヒー

ふ

フ　1 はらう

かきじゅん：フ

ことばを　よもう

フード
フック
フライパン

へ

ヘ　1 とめる

かきじゅん：ヘ

ことばを　よもう

ヘアピン
ヘッドホン
ヘルメット

ほ

ホ　1　2 はねる　3 とめる　4 とめる

かきじゅん：一　十　才　ホ

ことばを　よもう

ホース
ホルン
ホイッスル

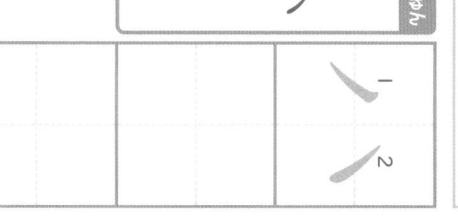

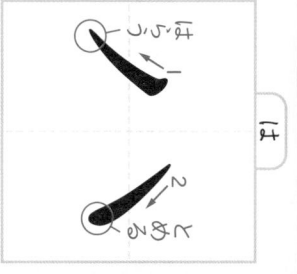

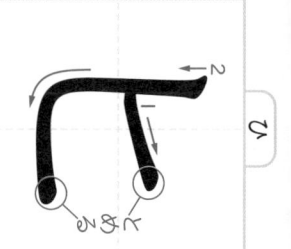

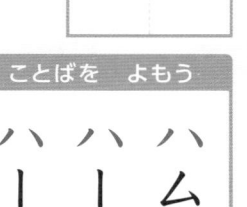

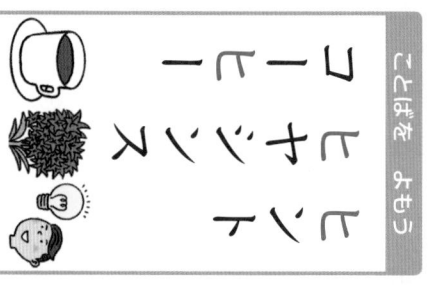

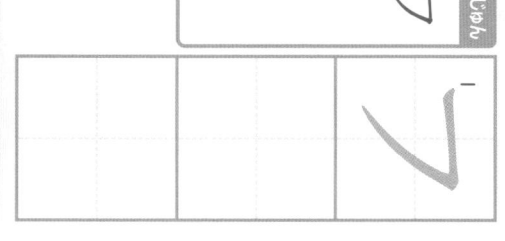

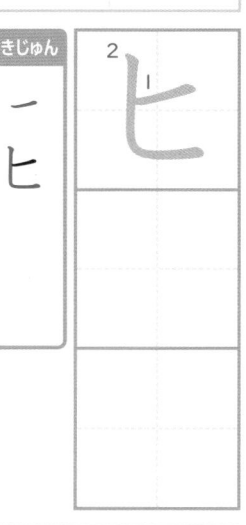

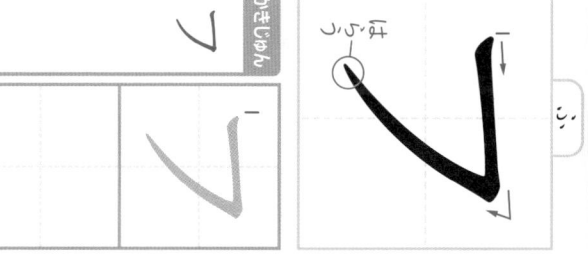

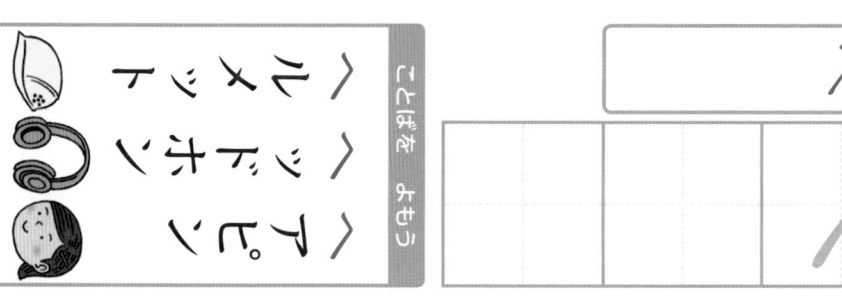

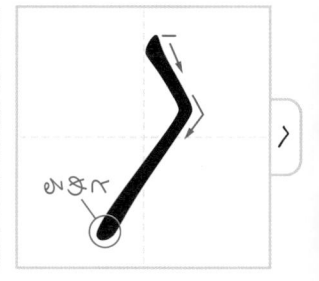

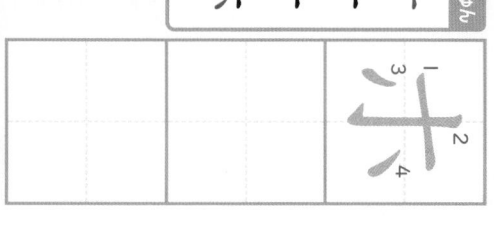

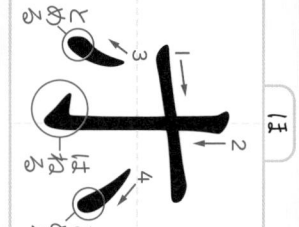

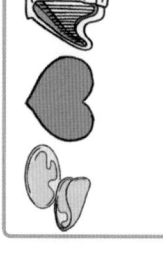

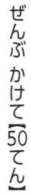

■ えを みて、□に あう じを かきましょう。

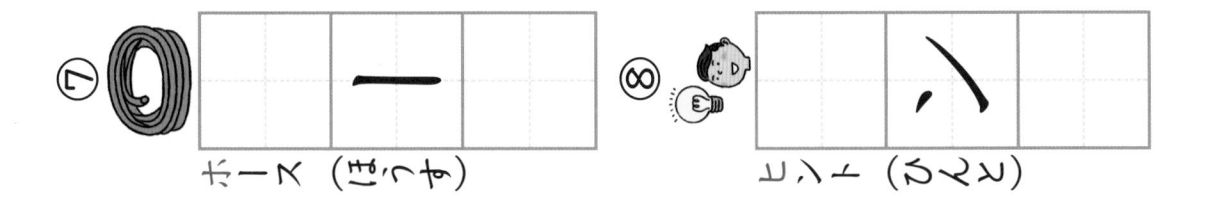

ひとつ5てん【50てん】

① 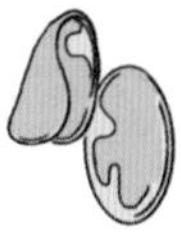 □ム　ハム（はむ）

② 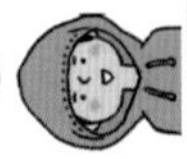 □ード　フード（ふうど）

③  □ープ　ハープ（はあぷ）

④  □ルン　ホルン（ほるん）

⑤  □ッ□　ブック（ぶっく）

⑥ 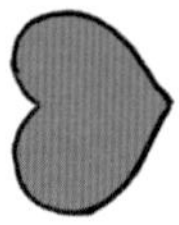 □ー□　ハート（はあと）

⑦  □ー□　ホース（ほうす）

⑧  □ン□　ヒント（ひんと）

⑨  □ッド□ン　ヘッドホン（へっどほん）

⑩  □ヤ□ン□　ヒヤシンス（ひやしんす）

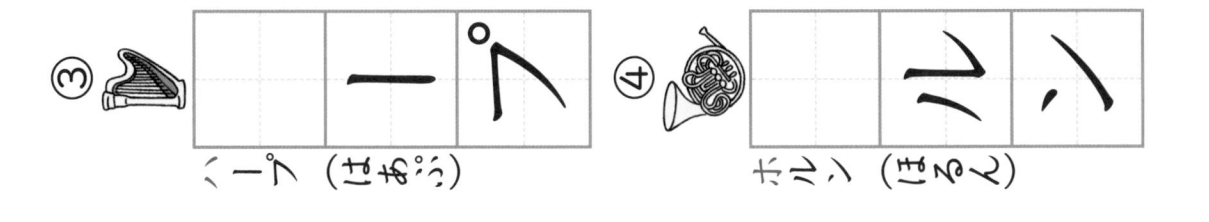

かきじゅんにも
ちゅういしよう。

クイズ
「□ック」「□ルーツ」「□ライパン」の、どの □にも はいる じは どれかな。
① ハ　② フ　③ ヘ

こたえ ▶ 88ページ

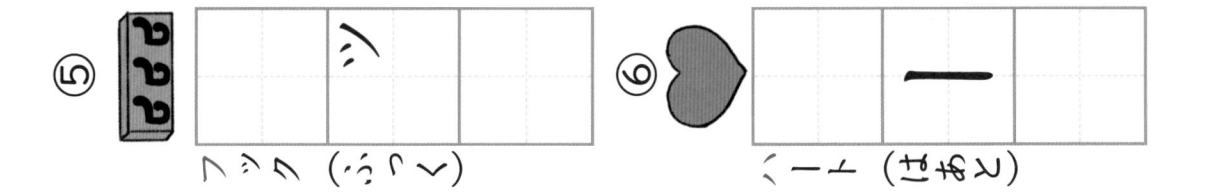

29 かたかなを　かこう

マ・ミ・ム・メ・モ

もくひょう 10 ぷん

がつ　にち

とくてん　てん

ゆびで　なぞりましょう。

うすい　じを　なぞってから　かきましょう。

ぜんぶ　かけて【50てん】

ま

マ

1 2 とめる

かきじゅん

フ マ

ことばを　よもう

マイク

マスク

マラカス

み

ミ

1 2 3 とめる

かきじゅん

ミ（1かく）　ミ（2かく）　ミ

ことばを　よもう

ミシン

ミルク

ミニカー

む

ム

1 2 とめる

かきじゅん

ム（1かく）　ム

ことばを　よもう

オムレツ

ジャム

アルバム

め

メ

1 2 はらう とめる

かきじゅん

ノ メ

ことばを　よもう

メモ

メダル

メロン

も

モ

1 2 3 とめる とめる

かきじゅん

一 二 モ

ことばを　よもう

モップ

モデル

モノレール

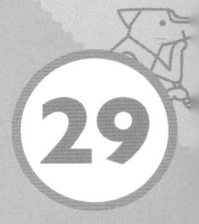

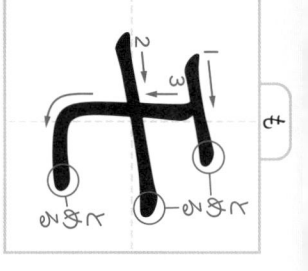

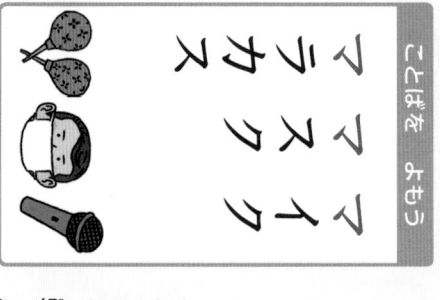

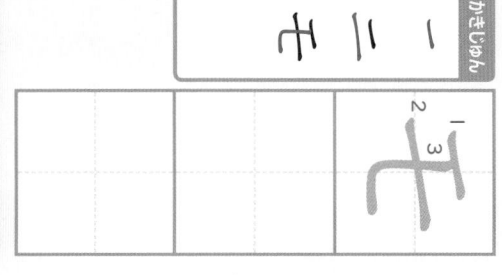

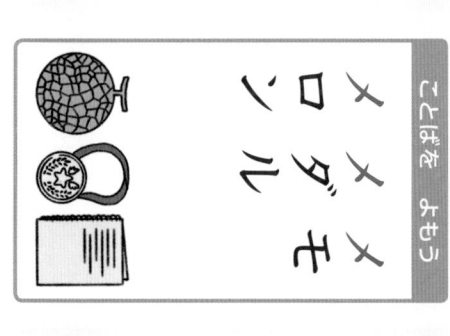

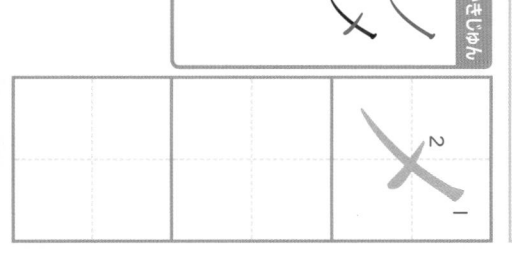

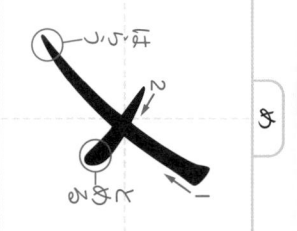

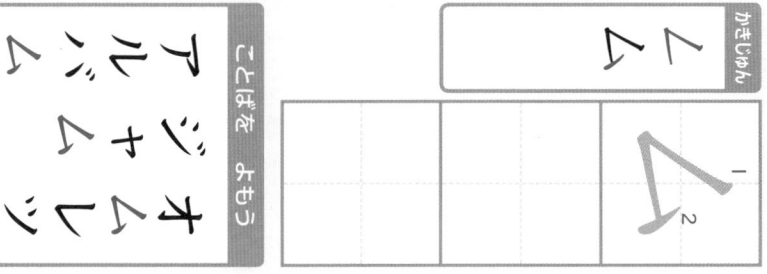

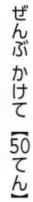

えを みて、□に あう じを かきましょう。

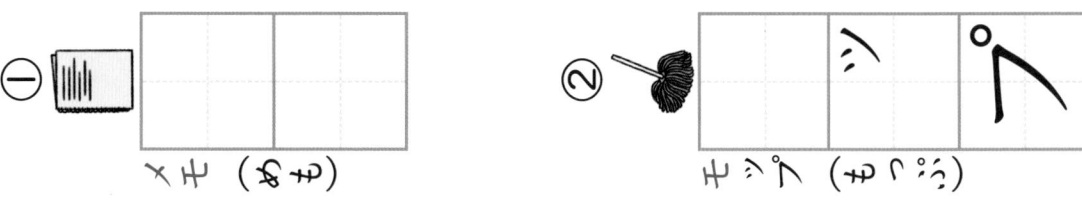

ひとつ5てん【50てん】

① メモ（めも）

② モップ（もっぷ）　□ツプ

③ メロン（めろん）　□ロン

④ ミルク（みるく）　□ル□

⑤ マイク（まいく）

⑥  ジャム（じゃむ）　ジャ□

⑦ ミシン（みしん）　□□ン

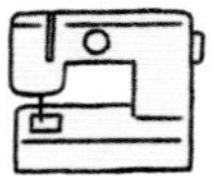

⑧ マスク（ますく）

⑨ オムレツ（おむれつ）　□□レ□

⑩ モノレール（ものれえる）　□□レール

じの かたちを しっかり たしかめよう。

クイズ

「ジャ□」「オ□レツ」「アルバ□」の、どの □にも はいる じは どれかな。

① マ　② ミ　③ ム

こたえ ▶ 88ページ

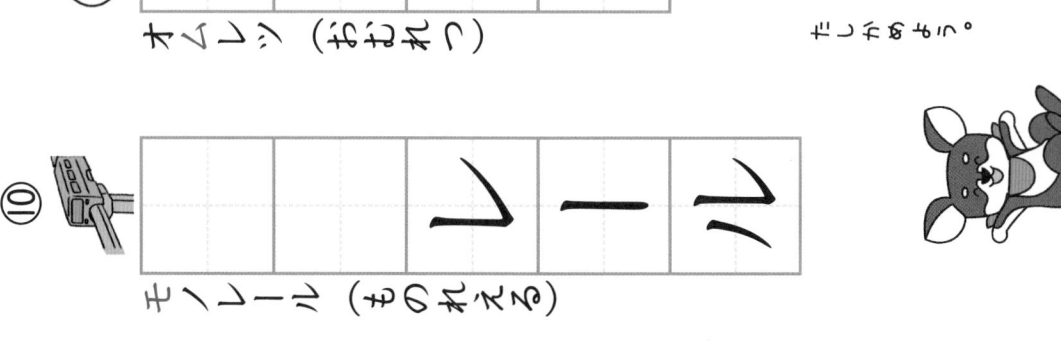

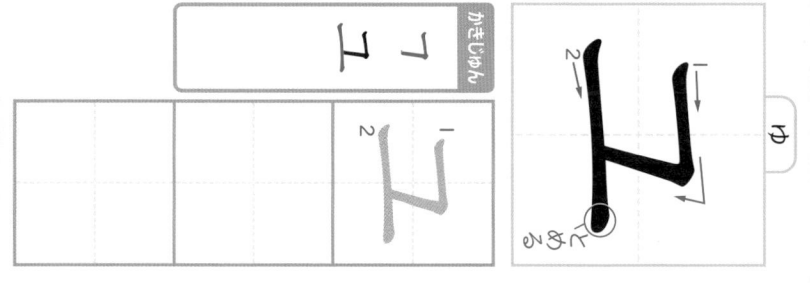

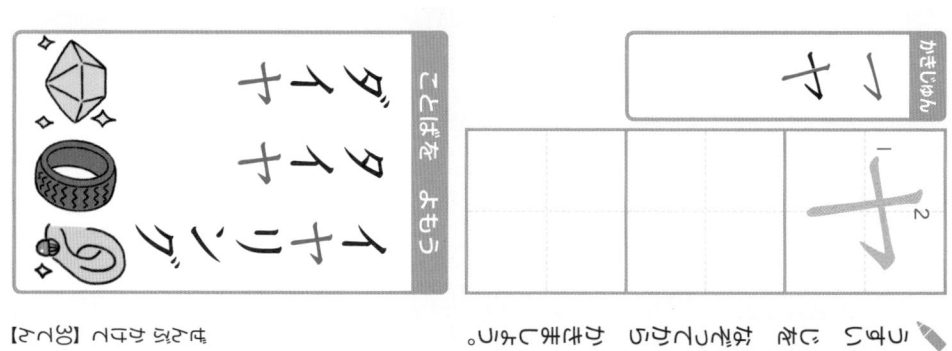

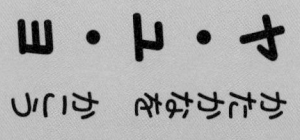

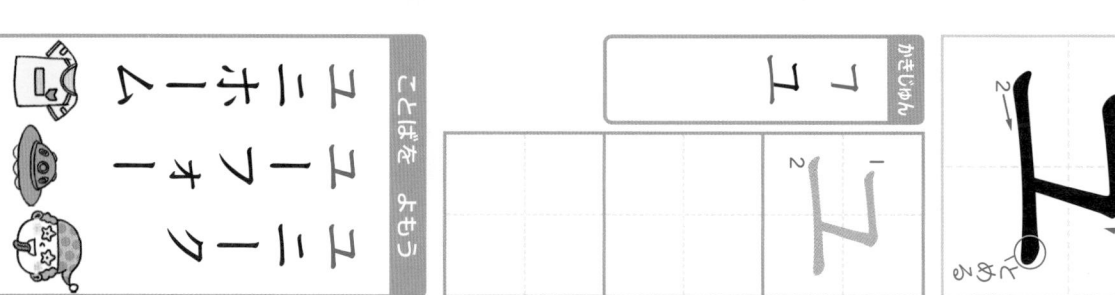

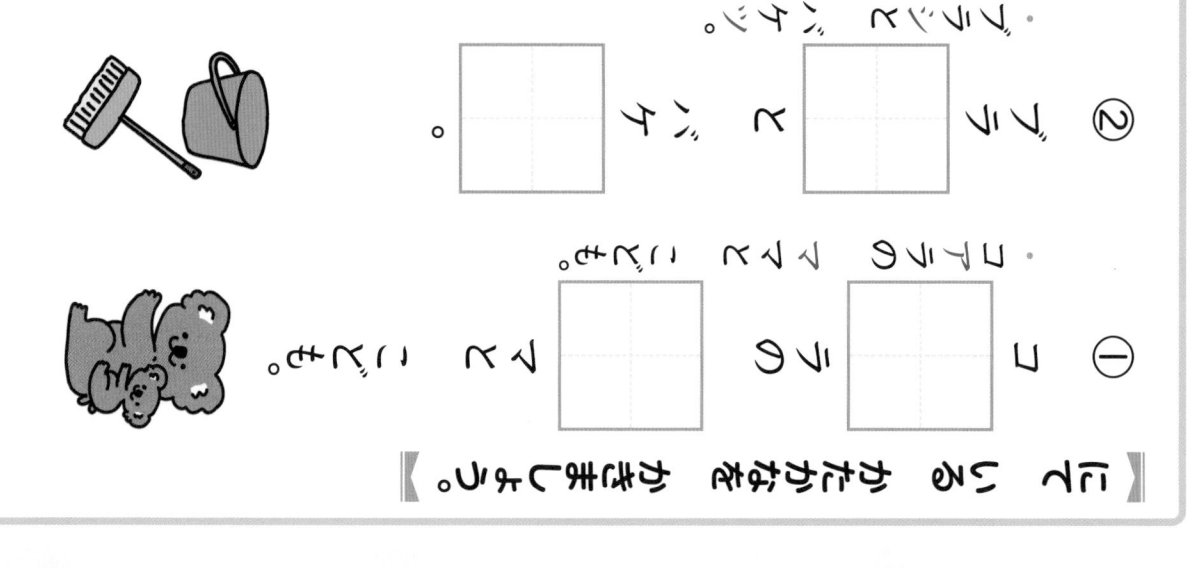

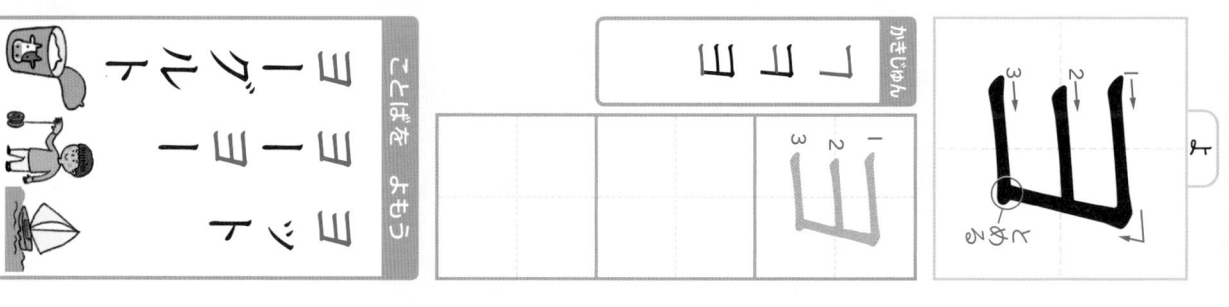

30 かたかなを　かこう
ヤ・ユ・ヨ

もくひょう 10ぷん

がつ　にち
とくてん　　てん

ゆびで　なぞりましょう。

うすい　じを　なぞってから　かきましょう。

ぜんぶ　かけて【30てん】

や
ヤ（1→ 2↓ とめる）

かきじゅん
フ ヤ

ことばを　よもう
イヤリング
タイヤ
ダイヤ

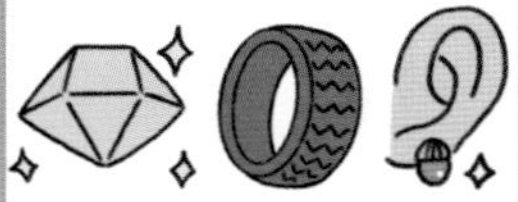

ゆ
ユ（1→ 2→ とめる）

かきじゅん
フ ユ

ことばを　よもう
ユニーク
ユーフォー
ユニホーム

よ
ヨ（1→ 2→ 3→ とめる）

かきじゅん
フ ヨ ヨ

ことばを　よもう
ヨット
ヨーヨー
ヨーグルト

【にて　いる　かたかなを　かきましょう。】

① コ□ラの　□マと　こども。
・コアラの　ママと　こども。

② ブラ□と　バケ□。
・ブラシと　バケツ。

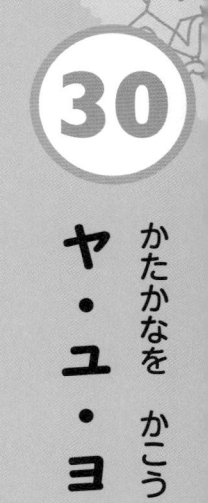

■ えを　みて、□に　あう　じを　かきましょう。

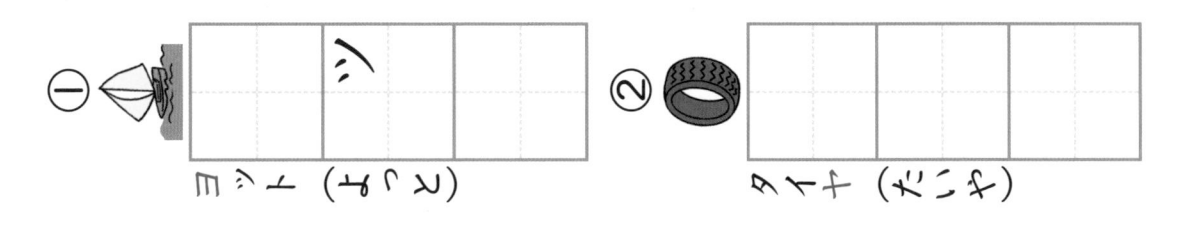

ひとつ10てん【70てん】

①

□ツ□
ヨット（よっと）

②

□□□
タイヤ（たいや）

③

□ー□オー
ユーフォー（ゆうふぉう）

④

□ー□ー
ヨーヨー（ようよう）

⑤

□□リング
イヤリング（いやりんぐ）

⑥

□□□ー□
ユニホーム（ゆにほうむ）

⑦

□ーグル□
ヨーグルト（ようぐると）

「ヨ」を、「E」と
かかないように
ちゅういしよう。

クイズ

「□ット」「□ー□ー」「マ□ネーズ」の、どの　□にも　はいる　じは　どれかな。

①ヤ　②ユ　③ヨ

こたえ ▶ 88ページ

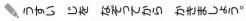

31 かたかなを　かこう
ラ・リ・ル・レ・ロ

もくひょう 10ぷん

がつ　にち
とくてん　てん

ゆびで　なぞりましょう。

ら　ラ（1 とめる、2 はらう）
り　リ（1 とめる、2 はらう）
る　ル（1 はらう、2 はらう）
れ　レ（1 はらう）
ろ　ロ（1、2、3 とめる　とめる）

うすい　じを　なぞってから　かきましょう。

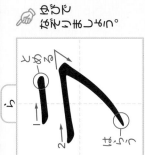

かきじゅん　一　ラ
かきじゅん　丨　リ
かきじゅん　ノ　ル
かきじゅん　レ
かきじゅん　丨　ㄇ　ロ

ぜんぶ かけて【50てん】

ことばを　よもう
ラムネ
ライオン
ランドセル

ことばを　よもう
リフト
リレー
リコーダー

ことばを　よもう
ルーレット
プール
ボール

ことばを　よもう
レモン
レタス
レバー

ことばを　よもう
ロープ
ロケット
ロボット

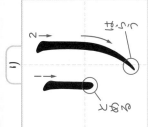

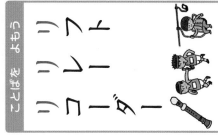

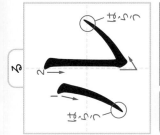

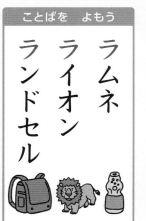

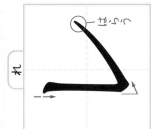

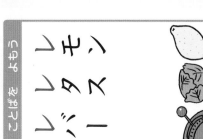

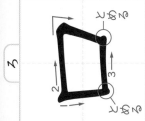

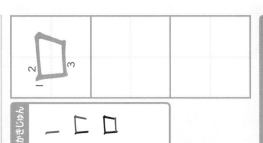

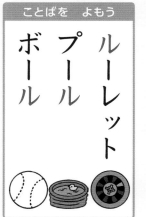

えを みて、□に あう じを かきましょう。

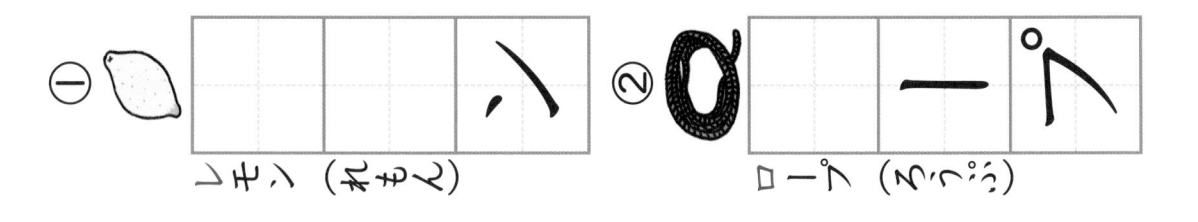

ひとつ５てん【50てん】

① 

		ン

レモン（れもん）

② 

	ー	プ

ロープ（ろうぷ）

③ 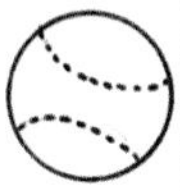

ボ	ー	

ボール（ぼうる）

④ 

プ	ー	

プール（ぷうる）

⑤ 

レタス（れたす）

⑥ 

		ー

リレー（りれえ）

⑦ 

リフト（りふと）

⑧ 

ラムネ（らむね）

⑨ 

		ッ	

ロケット（ろけっと）

⑩ 

	ン	ド		

ランドセル（らんどせる）

まちがいやすい ことばが たくさん あるね。

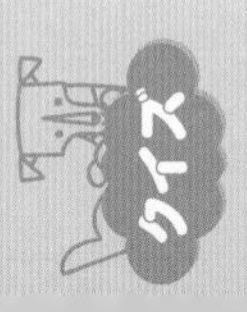

クイズ

「□レー」「□コーダー」「ス□ッパ」の、どの □にも はいる じは どれかな。

①ラ ②リ ③ロ

こたえ ▶ 88ページ

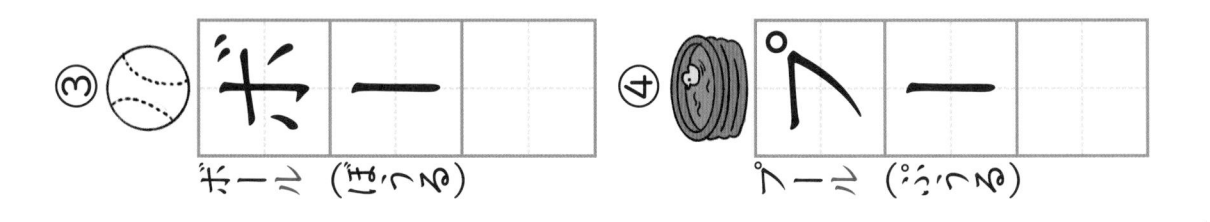

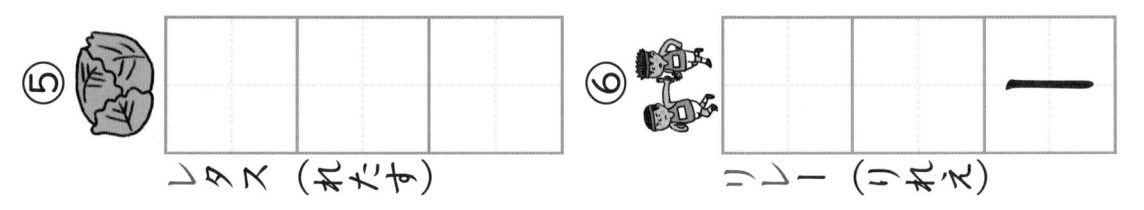

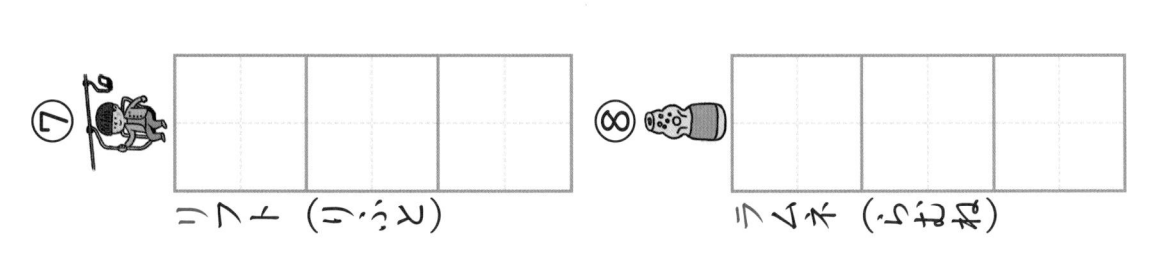

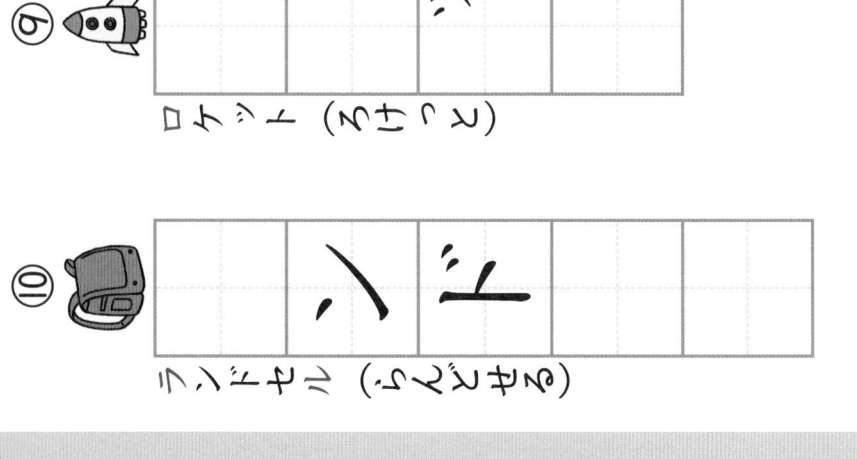

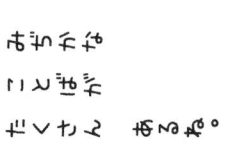

32 かたかなを かこう
ワ・ヲ・ン

もくひょう 10ぷん
がつ にち
とくてん てん

ゆびで なぞりましょう。
うすい じを なぞってから かきましょう。
ぜんぶ かけて【30てん】

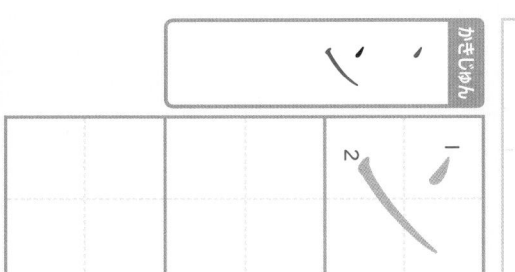

わ　ワ　（とめる・はらう）
かきじゅん　ㇴ　ワ
ことばを よもう
ワイン
ワゴン
ワンピース

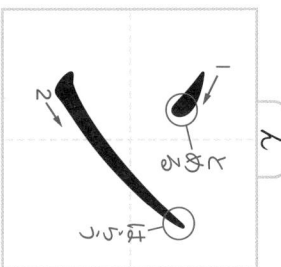

を　ヲ　（はらう）
かきじゅん　一　ニ　ヲ
ことばを よもう
エヲ カク。
テヲ フル。

ん　ン　（とめる・はらう）
かきじゅん　丶　ン
ことばを よもう
パン
リボン
クッション

【にて いる かたかなを かきましょう。】

① チキン□ープの □ードル。
・チキンスープの ヌードル。

② いちご□ースの かかった プリ□。
・いちごソースの かかった プリン。

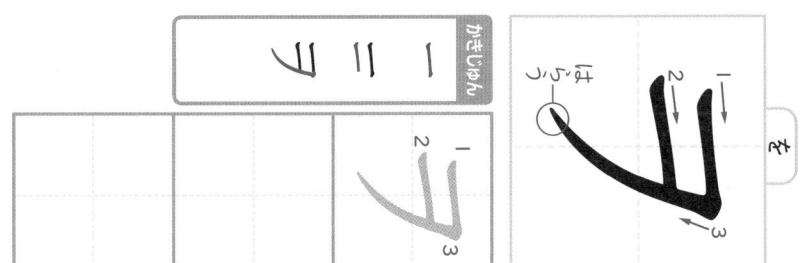

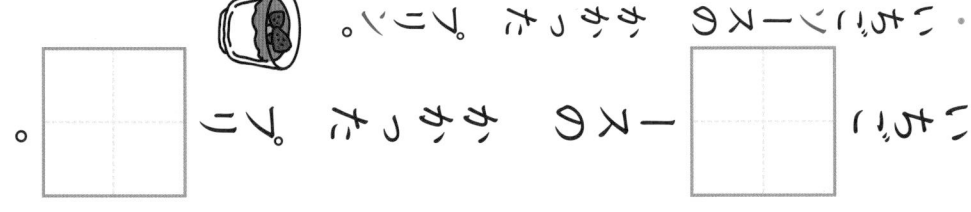

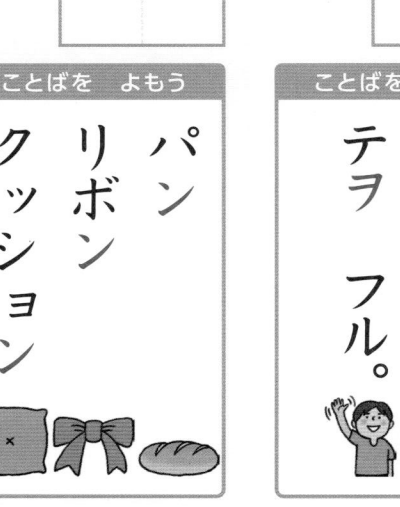

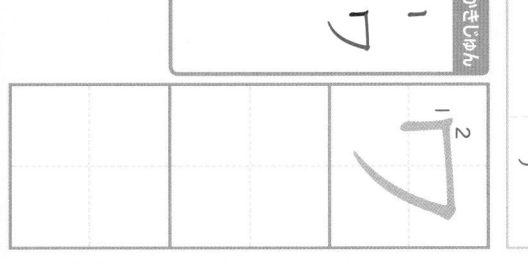

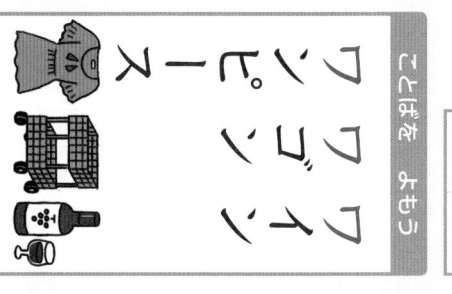

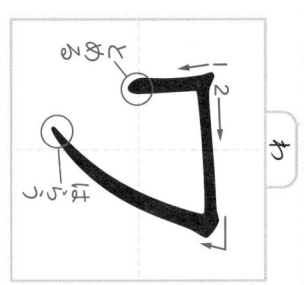

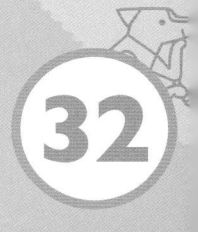

えを みて、□に あう じを かきましょう。

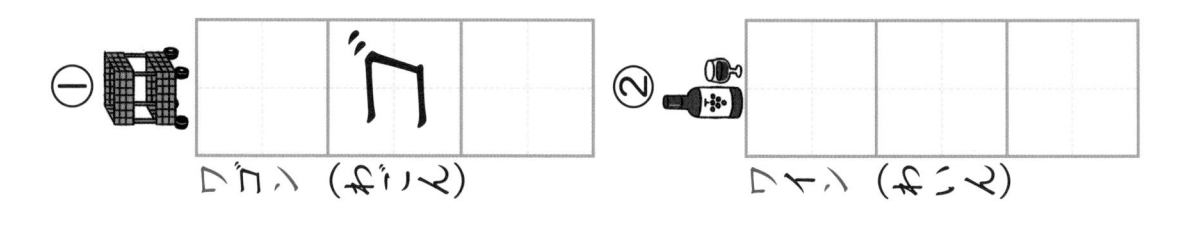

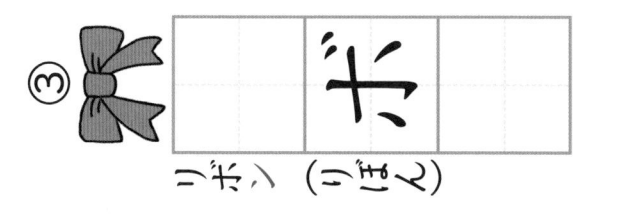

ひとつ10てん【70てん】

① ワゴン（わごん）

ゴ

② ワイン（わいん）

③ リボン（りぼん）

ボ

④ エヲ カク。（えを かく。）

⑤ テヲ フル。（てを ふる。）

これで かたかなの れんしゅうは ばっちり。

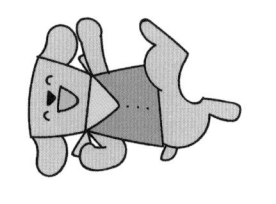

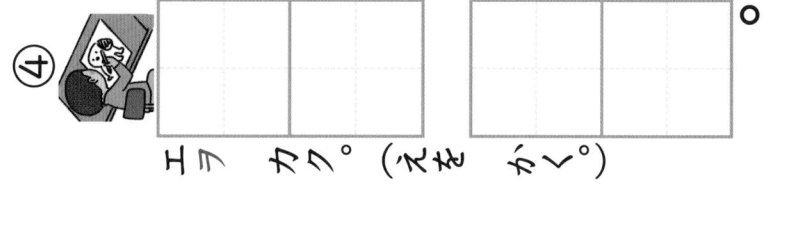

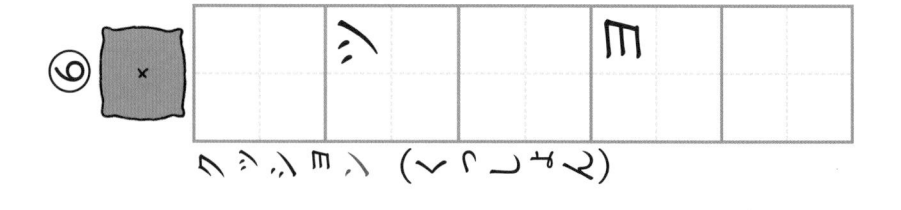

⑥ クッション（くっしょん）

ツ ヨ

⑦ ワンピース（わんぴいす）

ピ ー

クイズ

「ワ□ピース」「レモ□」「リボ□」の、どの □にも はいる じは どれかな。

① ワ ② ヲ ③ ン

こたえ ▶ 88ページ

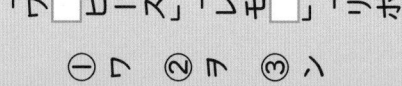

33 かたかなの　ひょう

もくひょう 10ぷん

がつ　にち

とくてん　てん

1 うすい　じを　なぞりましょう。

ぜんぶ なぞれて【50てん】

	ア行(ぎょう)	カ行	サ行	タ行	ナ行	ハ行	マ行	ヤ行	ラ行	ワ行
ア段(だん)	ア	カ	サ	タ	ナ	ハ	マ	ヤ	ラ	ワ
イ段	イ	キ	シ	チ	ニ	ヒ	ミ	(イ)	リ	(イ)
ウ段	ウ	ク	ス	ツ	ヌ	フ	ム	ユ	ル	(ウ)
エ段	エ	ケ	セ	テ	ネ	ヘ	メ	(エ)	レ	(エ)
オ段	オ	コ	ソ	ト	ノ	ホ	モ	ヨ	ロ	ヲ

ン

きれいな　じを
かく　ためにも、
ただしい
かきじゅんを
おぼえよう。

「シ」「ツ」、
「ソ」「リ」「ン」、
「ヨ」「ヲ」など
かたちが　にて
いる　かたかなに
ちゅういしよう。

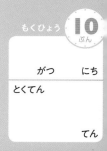

2 かたかなの ひょうの うすい じを なぞって、あいた ところには ただしい かたかなを かきいれましょう。

ぜんぶ かけて【50てん】

	イ	ウ		
				コ
		ス		
タ				ト
				ノ
		フ		
			メ	
	(イ)		(エ)	
ラ				
	(イ)	(ウ)	(エ)	フ

ン

ぜんぶ かけたら
こえに だして
よんで みよう。

「か」と 「カ」、
「も」と 「モ」、
「り」と 「リ」など、
ひらがなと かたちが
にて いる かたかなに
ちゅういしよう。

クイズ 「マ・ミ・ム・メ・モ」の じを、ふたつ つかって できる ことばは どれかな。
①ノート ②メモ ③ペン

こたえ ▶ 88ページ

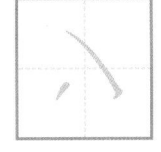

34

「゛」(てんてん)の　つく　かたかな

ガ・ギ・グ・ゲ・ゴ　ザ・ジ・ズ・ゼ・ゾ

もくひょう 10ぷん

がつ　にち

とくてん　てん

1 「゛」(てんてん)の　つく　かたかなを　かきましょう。

ぜんぶ かけて【20てん】

ガ　ギ　グ　ゲ　ゴ

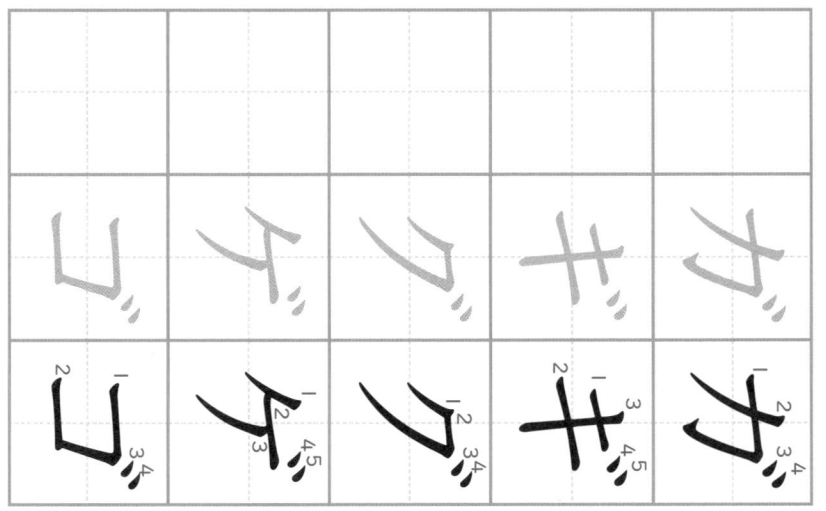

2 えに　あう　かたかなの　ことばを　かきましょう。

ひとつ5てん【30てん】

①

グラス（ぐらす）

②

ギター（ぎたあ）

③

ゴリラ（ごりら）

④

ゲーム（げえむ）

⑤

グローブ（ぐろうぶ）

⑥

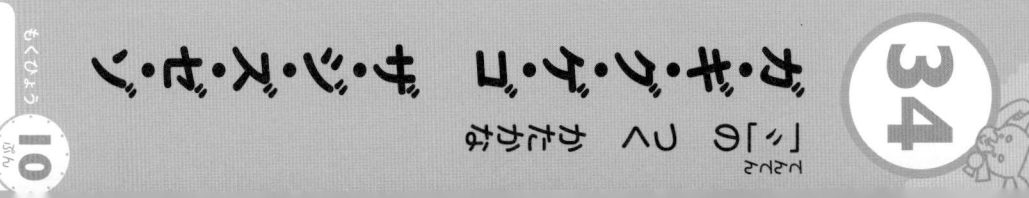

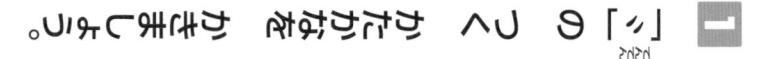

ガムテープ（がむてえぷ）

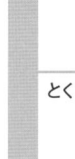

3 「゛（てんてん）」の つく かたかなを かきましょう。

ぜんぶ かけて【20てん】

ザ ジ ズ ゼ ゾ

4 えに あう かたかなの ことばを かきましょう。

ひとつ5てん【30てん】

① 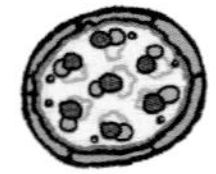 ピザ（ぴざ）

②  ゼリー（ぜりい）

③  ジャム（じゃむ）

④  ズボン（ずぼん）

⑤  ジーンズ（じいんず）

⑥  ゼッケン（ぜっけん）

こえに だして よんで みよう。

クイズ

「゛」（てんてん）の つく ことばで、やきゅうの どうぐは どれかな。

① ジャム ② グローブ ③ ギター

こたえ ▶ 88ページ

「〃」（てんてん）の つく かたかな

ダ・ヂ・ヅ・デ・ド　バ・ビ・ブ・ベ・ボ

もくひょう 10ぷん　がつ　にち　とくてん　てん

1 「〃」（てんてん）の つく かたかなを かきましょう。　ぜんぶ かけて【20てん】

ダ	ヂ	ヅ	デ	ド
ダ	ヂ	ヅ	デ	ド

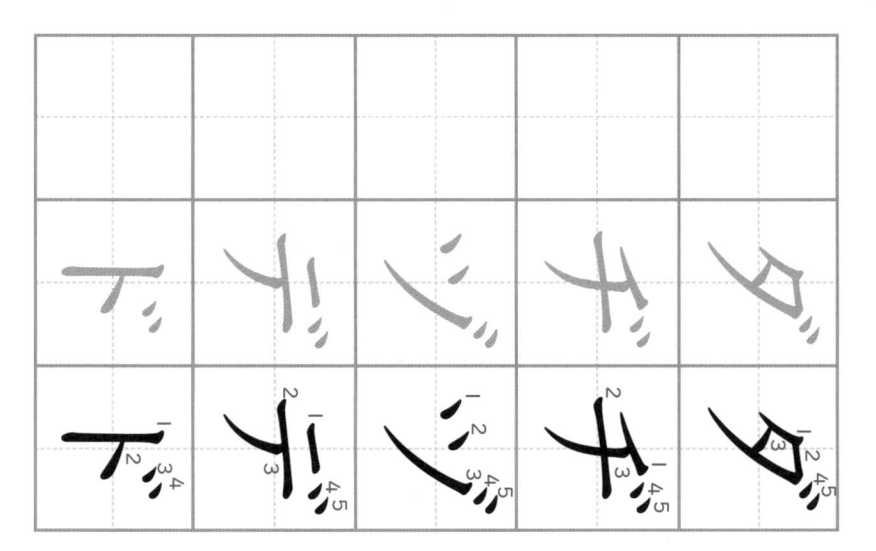

2 えに あう かたかなの ことばを かきましょう。　ひとつ5てん【30てん】

① 
	ア

ドア（どあ）

② 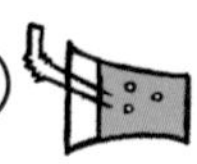
ソ	ー	

ソーダ（そうだ）

③ 
		ル

メダル（めだる）

④ 
	ン	

ダンス（だんす）

⑤ 
	ー		

ドーナツ（どうなつ）

⑥ 
		ー	

デザート（でざあと）

3 「゛」(てんてん)の つく かたかなを かきましょう。

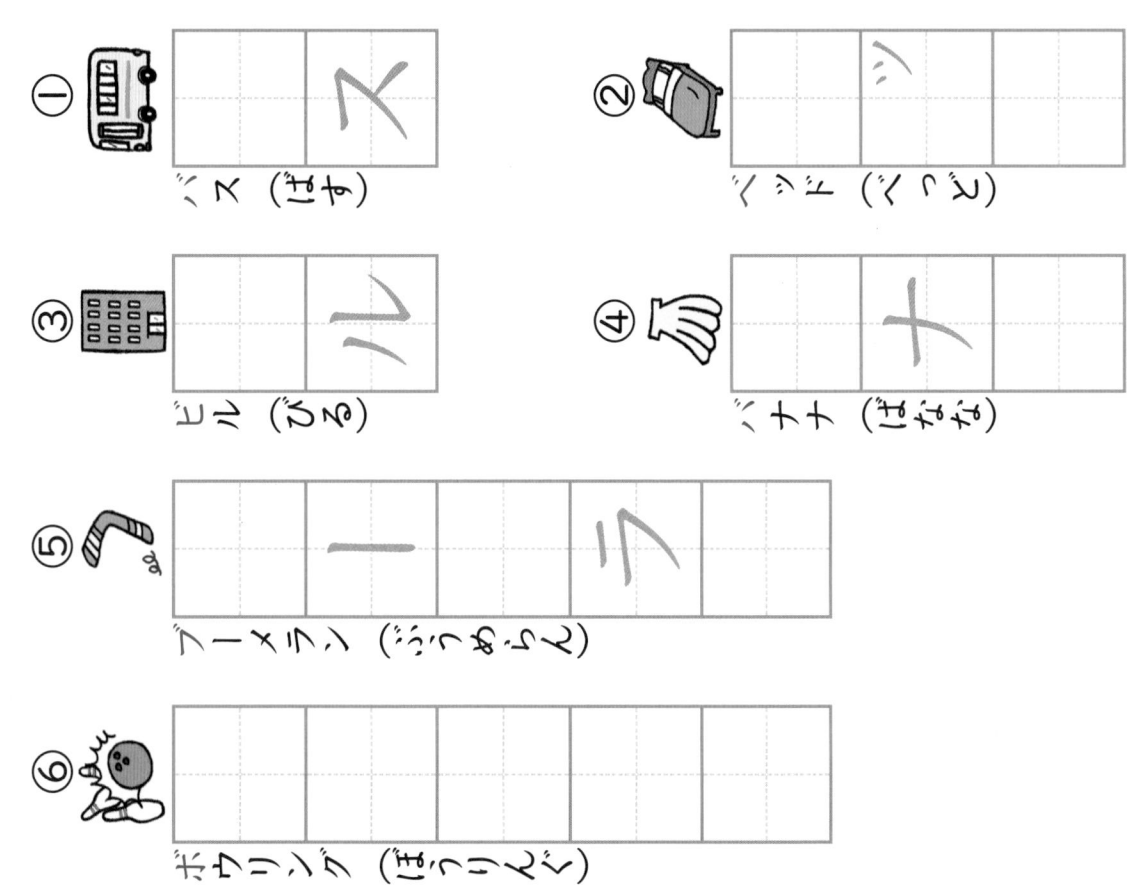

ぜんぶ かけて【20てん】

バ ビ ブ ベ ボ

4 えに あう かたかなの ことばを かきましょう。

ひとつ5てん【30てん】

① 
バス(ばす)

② 
ベッド(べっど)

③ 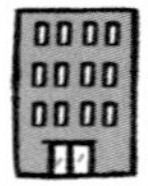
ビル(びる)

④ 
バナナ(ばなな)

⑤ 
ブーメラン(ぶうめらん)

⑥ 
ボウリング(ぼうりんぐ)

クイズ

「゛」(てんてん)を つけると、のりものの なまえに なるのは どれかな。

① メタル ② ホール ③ ハス

こたえ ▶ 88ページ

36 「○(まる)」の つく かたかな パ・ピ・プ・ペ・ポ

もくひょう 10ぷん

がつ にち

とくてん てん

1 「○(まる)」の つく かたかなを かきましょう。 ぜんぶ かけて【20てん】

パ	ピ	プ	ペ	ポ
パ	ピ	プ	ペ	ポ

2 えに あう かたかなの ことばを かきましょう。 ひとつ5てん【35てん】

① 

プール（ぷうる）

② 

ピアノ（ぴあの）

③ 

パスタ（ぱすた）

④ 

ポスト（ぽすと）

⑤ 

ペンキ（ぺんき）

⑥ 

ピエロ（ぴえろ）

⑦ 

パイナップル（ぱいなっぷる）

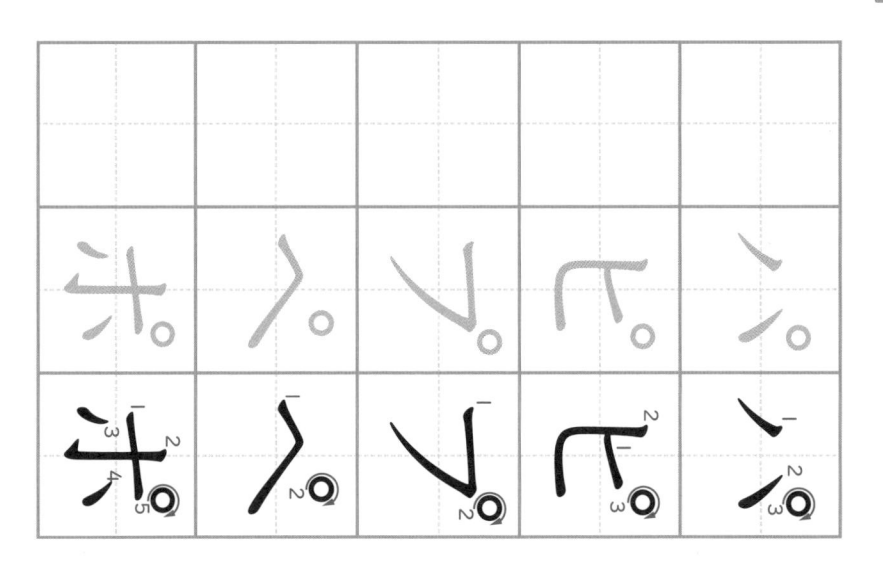

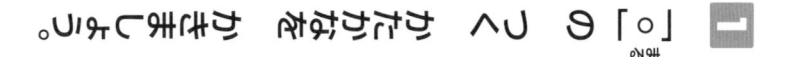

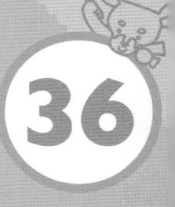

3 「。(まる)」を ただしく つけて、えに あう ことばに しましょう。

ひとつ5てん【45てん】

①  ヘン

②  ハン

③  フリン

④  カップ
ツ

⑤  ランフ

⑥  ホット
ツ

⑦  スリッハ
ツ

⑧  ヒンセット
ツ

⑨  ホップコーン
ツ ー

みのまわりでも
「パピプペポ」の
つく ことばを
さがして みよう。

クイズ

かべに いろを ぬる ときに つかう ものの なまえで、ただしいのは どれかな。

① ヘンキ ② ベンキ ③ ペンキ

こたえ ▶ 88ページ

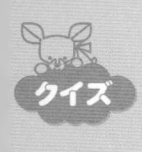

37 かたかなの　のばす　おん

がつ　にち

とくてん　　てん

1 のばす　おんの　ある　ことばを　よみましょう。　ぜんぶ よめて【20てん】

ひらがなの　のばす　おんは「かあ」だけど、かたかなでは「カー」と　かくよ。

① ア

おかあさん 

カーテン 

ハープ 

② イ

おにいさん 

ピーナッツ 

ジーンズ 

③ ウ

すうじ 

スープ 

ブーケ 

④ エ

おねえさん 

レーズン 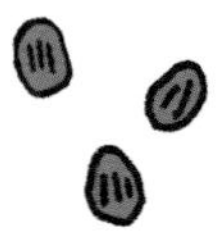

ベーコン 

⑤ オ

おとうさん 

ホース 

コーラ 

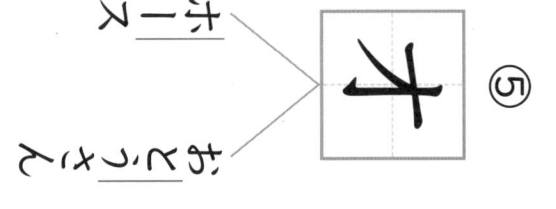

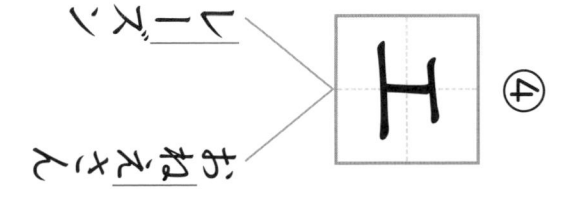

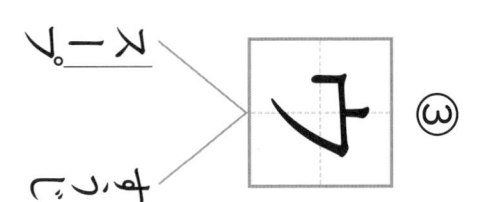

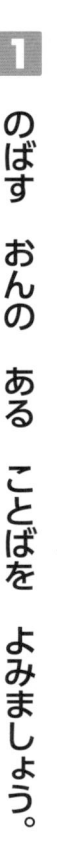

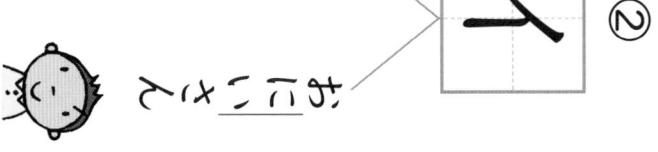

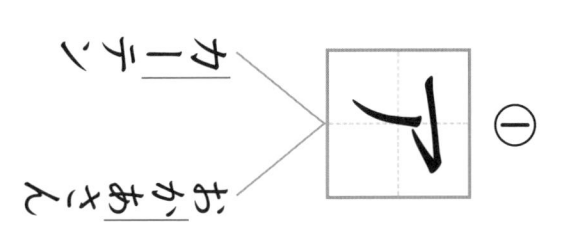

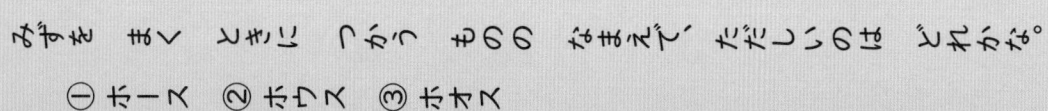

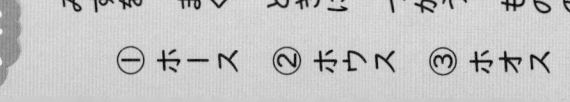

2 かたかなの ことばを、ただしく かきなおしましょう。 ひとつ10てん【80てん】

① スウツ → スーツ

② タワア

③ シイル

④ バタア

⑤ ピイマン

⑥ クウラア

⑦ トオスタア

⑧ ガアドレエル

こえに だして よんで みると、わかりやすいよ。

クイズ

みずを まく ときに つかう ものの なまえで、ただしいのは どれかな。

① ホース ② ホウス ③ ホオス

こたえ ▶ 88ページ

38 ちいさい「ャ・ュ・ョ・ッ」の つく ことば①

もくひょう 10ぷん

がつ にち

とくてん てん

1 うすい じを なぞってから かきましょう。ちいさい「ャ・ュ・ョ・ッ」は、□の みぎうえに かきます。

ぜんぶ かけて【40てん】

ヤ ャ ャ

ことばを よもう
シャツ
キャベツ

ユ ュ ュ

ことばを よもう
ジュース
チューブ

ヨ ョ ョ

ことばを よもう
チョーク
ジョギング

ツ ッ ッ

ことばを よもう
ラップ
カッター

2 ちいさい「ャ・ュ・ョ」が つく じを よみましょう。

ぜんぶ よめて【10てん】

キャ キュ キョ
チャ チュ チョ
ヒャ ヒュ ヒョ
リャ リュ リョ
ギャ ギュ ギョ
ヂャ ヂュ ヂョ
ピャ ピュ ピョ

シャ シュ ショ
ニャ ニュ ニョ
ミャ ミュ ミョ
ジャ ジュ ジョ
ビャ ビュ ビョ

3 ひょうの うすい じを なぞりましょう。

キ	ギ	シ	ジ	チ	ヂ	ニ	ヒ	ビ	ピ	ミ	リ
ャ	ャ	ャ	ャ	ャ	ャ	ャ	ャ	ャ	ャ	ャ	ャ
キ	ギ	シ	ジ	チ	ヂ	ニ	ヒ	ビ	ピ	ミ	リ
ュ	ュ	ュ	ュ	ュ	ュ	ュ	ュ	ュ	ュ	ュ	ュ
キ	ギ	シ	ジ	チ	ヂ	ニ	ヒ	ビ	ピ	ミ	リ
ョ	ョ	ョ	ョ	ョ	ョ	ョ	ョ	ョ	ョ	ョ	ョ

ぜんぶ かけて【50てん】

なぞったら、
こえに だして
よんで みよう。

ちいさい
「ャ・ュ・ョ」を
かく ます（しかく）の、
ばしょにも
ちゅういしよう。

クイズ

こくばんに じを かく ときに つかう ものの なまえで、ただしいのは どれかな。

①チヨウク ②チヨーク ③チョーク

こたえ ▶ 88ページ

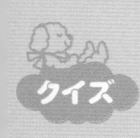

39 ちいさい「ャ・ュ・ョ・ッ」の つく ことば②

もくひょう 10ぷん

がつ　にち

とくてん　　てん

1 えに あう ことばを □に かきましょう。　ひとつ5てん【40てん】

① 
マッチ（まっち）

② 
カップ（かっぷ）

③ 
キック（きっく）

④ 
コック（こっく）

⑤ 
シャワー（しゃわあ）

⑥ 
ジャケット（じゃけっと）

⑦ 
ポタージュ（ぽたあじゅ）

⑧ 
チューリップ（ちゅうりっぷ）

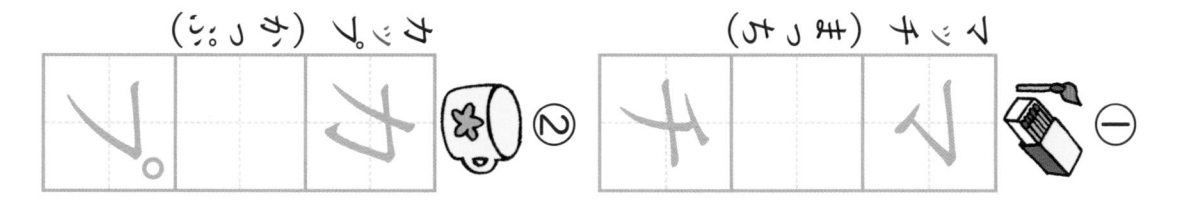

ちいさい「ャ・ュ・ョ・ッ」は、ます（しかく）の みぎうえに かくよ。

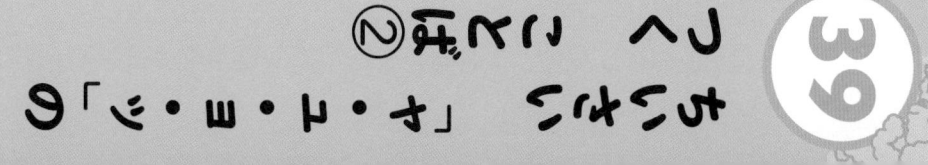

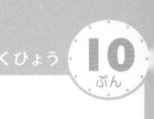

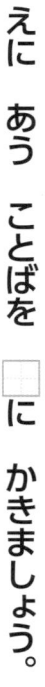

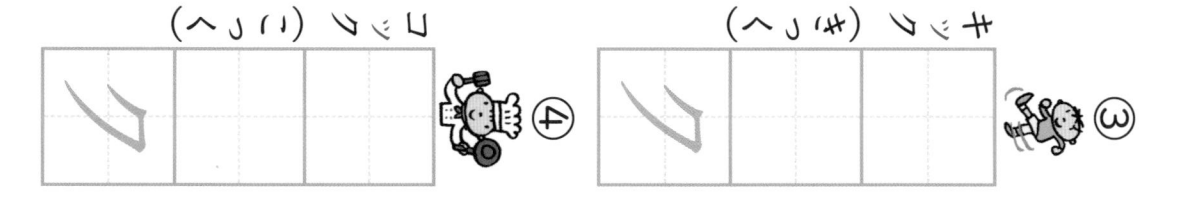

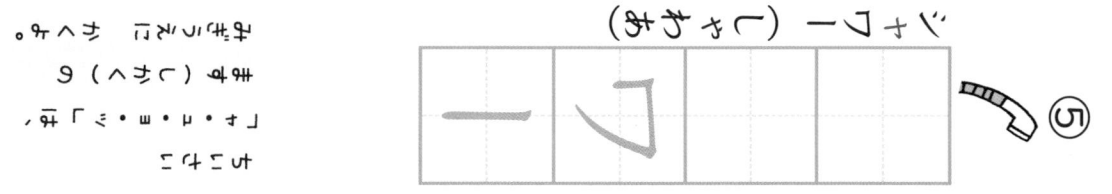

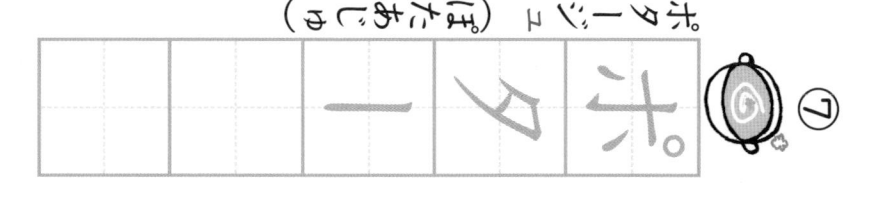

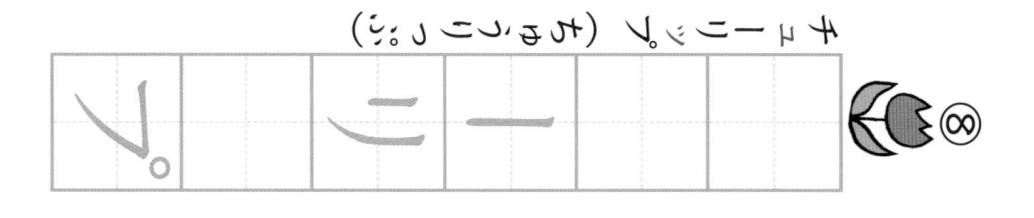

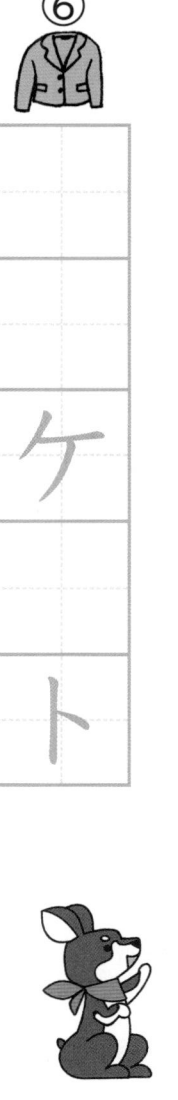

2 かたかなの ことばを、ただしく かきなおしましょう。

ひとつ10てん【60てん】

みぢかな ことばが たくさん あるね。

① トラツク →

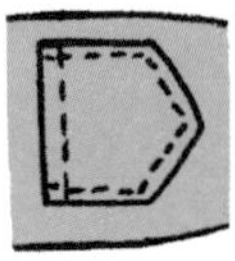

② ポケツト →

③ キヤラメル →

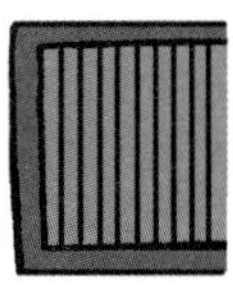

④ シヤツター →

⑤ チヨコレート →

⑥ リユツクサツク →

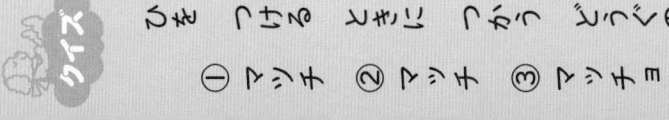

クイズ ひを つける ときに つかう どうぐの なまえで ただしいのは どれかな。

① マツチ ② マッチ ③ マッチヨ

こたえ ▶ 88ページ

40 まちがえやすい　かたかな

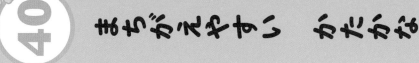

もくひょう 10ぷん

がつ　にち

とくてん　てん

1 えに　あう　ほうの　ことばを、（　）で　かこみましょう。 ひとつ6てん【60てん】

①

バケシ
バケツ

②

テソト
テント

③

テレビ
チレビ

④

ヌキー
スキー

⑤

コアラ
コアフ

⑥

マイロン
アイロン

⑦

クオル
タオル

⑧

ンックス
ソックス

⑨

シンバル
ツンバル

⑩

ヨット
ヲット

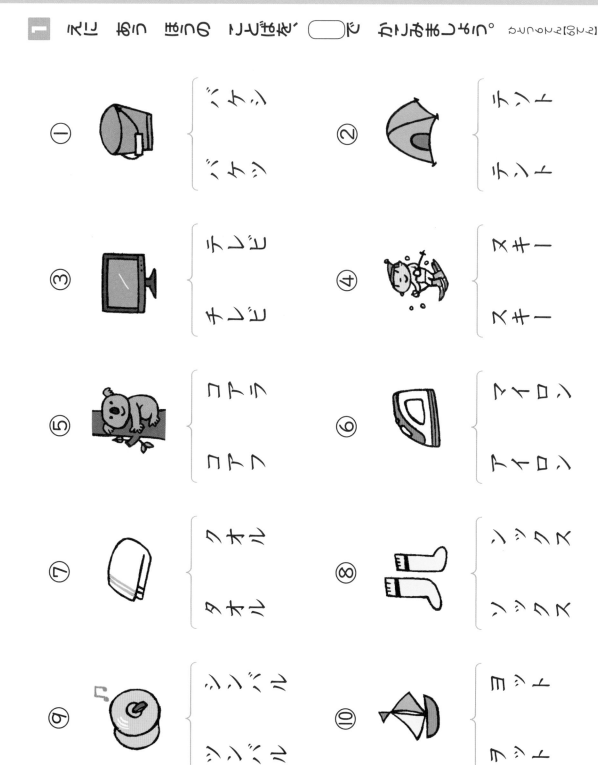

2 かたかなの ことばを、ただしく かきなおしましょう。

ひとつ5てん【40てん】

①

タイシ ↓

②

ツーシ ↓

③

ハタア ↓

④

シルク ↓

⑤

パランル ↓

⑥

コヌモヌ ↓

⑦

クッツヨン ↓

⑧

ボオルペソ ↓

これで かたかなも かんぺき！

クイズ

ようふくの しわを のばす ときに つかう どうぐの なまえで ただしいのは どれかな。

① アイロン ② マイロン ③ ライロン

こたえ ▶ 88ページ

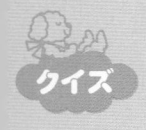

41 かくにんテスト②

なまえ

もくひょう 15ふん

がつ　にち

とくてん　てん

1 かたかなの　ことばに　かきなおしましょう。

ひとつ5てん【35てん】

① 
てえぶる ➡ □□□□

② 
ようよう ➡ □□□□

③ 
まふらあ ➡ □□□□

④ 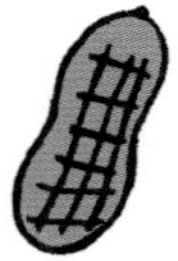
ぴいなっつ ➡ □□□□□

⑤ 
はあもにか ➡ □□□□□

⑥ 
ろうるけえき ➡ □□□□□□

⑦ 
ばれえぼうる ➡ □□□□□□

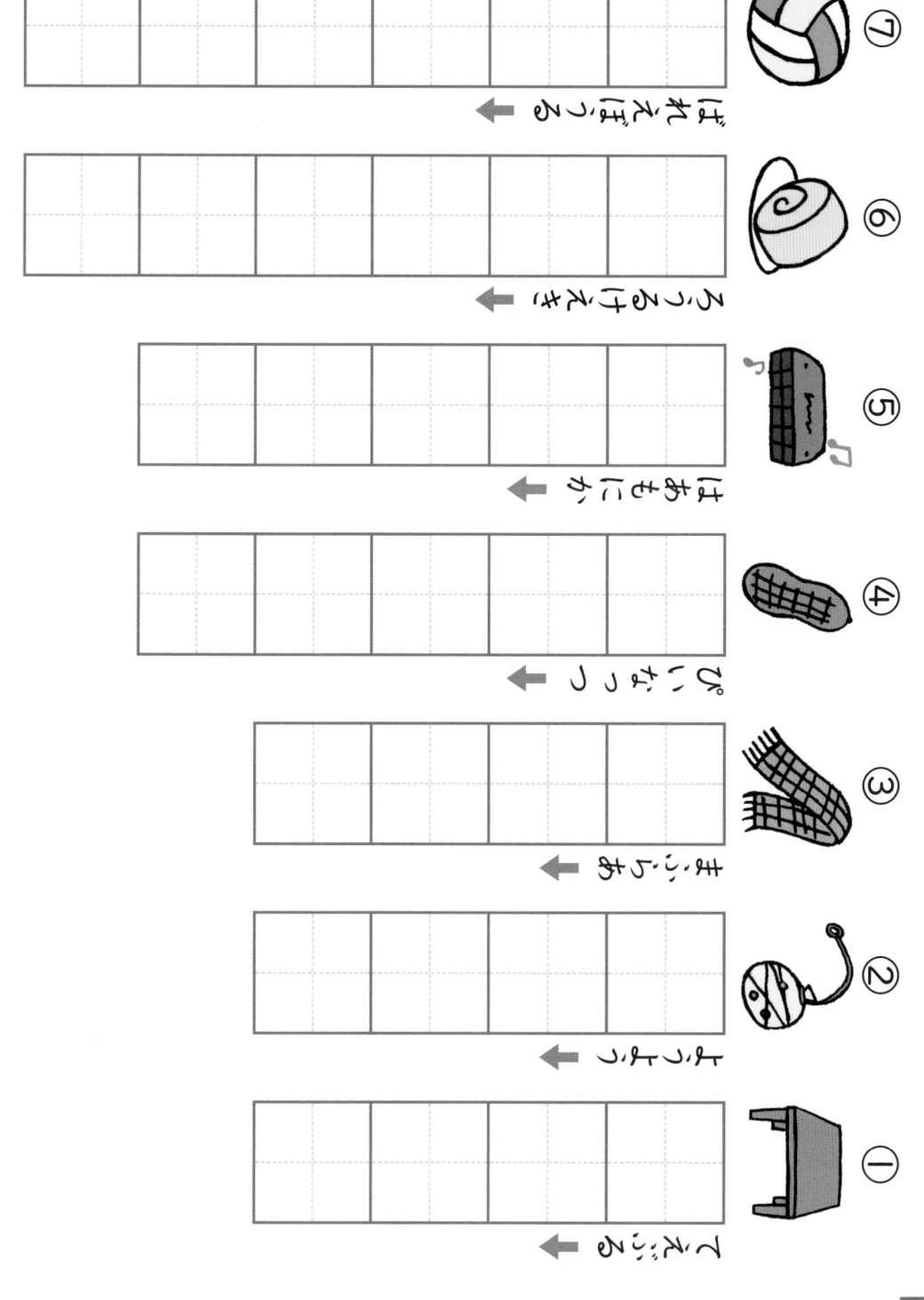

2 「゛(てんてん)」や 「゜(まる)」を つけて、ただしい ことばに しましょう。

ひとつ5てん【30てん】

① 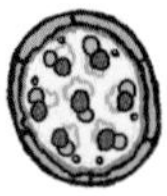 ヒサ →

②  ハンタ →

③  ヘタル →

④  フーツ →

⑤  ハンシー →

⑥  ヘンキン →

3 えに あう ぶんを つくりましょう。

ぜんぶ かけて【35てん】

デ□ート で ラー□□ を たべました。

こたえ ▶ 88ページ

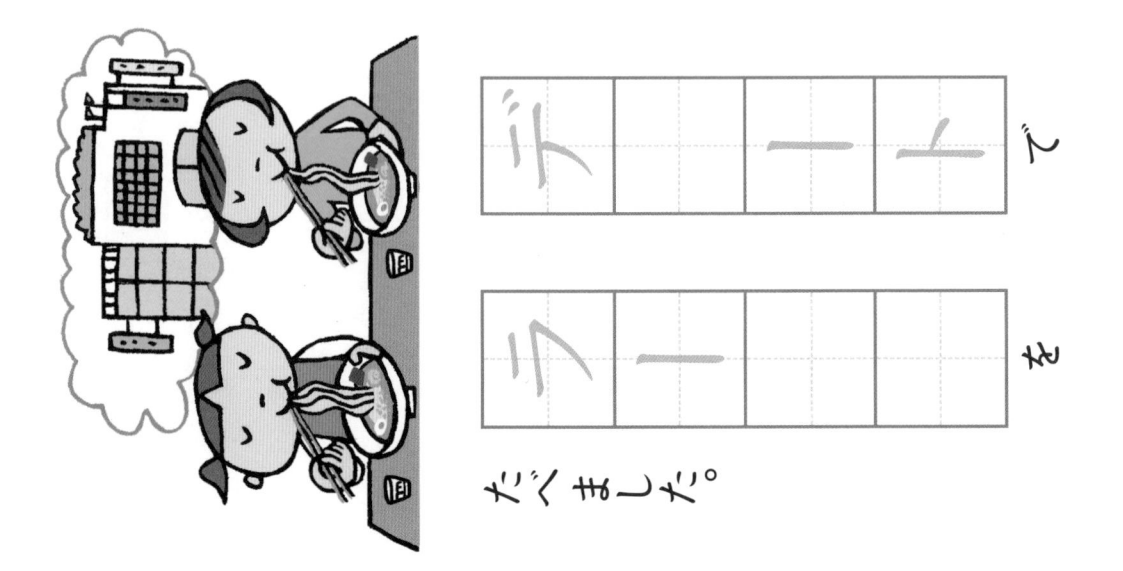

こたえとアドバイス

おうちの方へ
▼まちがえた問題は、何度も練習させましょう。
▼アドバイスも参考に、お子さまに指導してあげてください。

※①から⑯までの答えは省略。

クイズ ⑩① ⑪③ ⑫① ⑬②
⑭① ⑮①（「ごま」） ⑯③（「ぶた」）

17 ぱ・ぴ・ぷ・ぺ・ぽ　37〜38ページ

1・2 省略

3 ①はらっぱ ②たんぽぽ ③はんぺん
④ゆたんぽ ⑤えんぴつ
⑥てっぱんやき

クイズ ①

アドバイス

3 「゜」（半濁点）がつく言葉です。半濁点がつくひらがなは、「は行」だけです。

18 ひらがなの のばす おん　39〜40ページ

1・2 省略

3 ①とけい ②こおり ③せんべい
④ふくろう ⑤すいえい ⑥いもうと

クイズ ①

アドバイス

ひらがなののばす音（長音）は、あ段の長音は「あ」、い段は「い」、う段は「う」、え段は「え」、お段は「う」と表記します。ただし、え段とお段には例外があり、言葉によっては、え段は「い」、お段は「お」と表記します。え段の長音を原則どおりに「え」と表記する言葉は、「おねえさん」と感動詞の「ええ」「へえ」くらいしかありません。あとは「けいさん」「えいが」のように、「い」と表記します。お段の長音は、原則どおりに「う」と表記する言葉が多いのですが、「お」とする言葉もいくつかあります。「お」と表記するものの例を覚えさせましょう。

例 おおかみ・とおい・おおきい・こおり

※⑲の答えは省略。 クイズ ②

20 ちいさい「や・ゆ・よ・っ」の つく ことば②　43〜44ページ

1 省略

2 ①しゅじんこう ②じどうしゃ
③せっけん ④きゅうり
⑤もっきん ⑥ちょきんばこ

クイズ ①

アドバイス

ひらがなの小さく書く「ゃ・ゅ・ょ」は、い段の「き・し・ち・に・ひ・み・り・ぎ・じ・ぢ・び・ぴ」のあとにつきます。小さく書くひらがなを含んだ言葉はたくさんあります。例えば「がっこう」「でんしゃ」など身の回りにあるものを例にして、小さく書くひらがなに慣れさせましょう。

21 まちがえやすい ひらがな　45〜46ページ

1 ①ねこ ②いぬ ③つくし ④うさぎ
⑤ちょう ⑥わりばし ⑦ぼうし
⑧むし ⑨らっぱ ⑩ろうそく

2 ①はこ ②かめ ③ぞう ④はり
⑤おの ⑥まくら ⑦ちず ⑧はたけ
⑨れいぞうこ ⑩ねったいぎょ

クイズ ②

アドバイス

「ね・れ・わ」、「る・ろ」のように、似た字形のひらがなを、しっかりと区別させましょう。書かれている文字を発音してみることで、どちらの表記が正しいかを確認させてください。なお、「く・ま」などは、「〱・ま」のような鏡文字になりやすい文字です。また、「な」のように、部分的に鏡文字にしてしまう例もあります。注意させましょう。

22 かくにんテストの① 47〜48ページ

1 ①しっぽ ②はなぢ ③ちょう
④ほうき ⑤みずでっぽう

2 ①いるか ②きって ③ねずみ ④ぬりえ

3 ①たんぽぽ ②りんご ③けいとを
④らっこ・かい（完答）

4 ①ふくを・きる（完答）
②さかなを・つる（完答）

アドバイス

4 二文節の表現です。絵を参考にして、考えさせましょう。「何を」「どうする」というように、文を区切って考えさせてもよいでしょう。

※㉓から㉟までの答えは省略。

クイズ

㉓ ① ㉔ ② ㉕ ① ㉖ ①
㉗ ② ㉘ ② ㉙ ③ ㉚ ③
㉛ ② ㉜ ③ ㉝ ② ㉞ ②
㉟ ③（「バス」）

36 パ・ピ・プ・ペ・ポ 75〜76ページ

1・2 省略

3 ①ペン ②パン ③プリン ④カップ
⑤ランプ ⑥ポット ⑦スリッパ
⑧ピンセット ⑨ポップコーン

クイズ ③

37 かたかなの のばす おん 77〜78ページ

1 省略

2 ①スーツ ②タワー ③シール
④バター ⑤ピーマン ⑥クーラー
⑦トースター ⑧ガードレール

クイズ ①

アドバイス

2 かたかなののばす音（長音(ちょうおん)）は、ひらがなとは違って、全て「ー」（長音記号）で表すということを、確認してあげましょう。

※㊳の答えは省略。

クイズ ③

39 ちいさい「ャ・ュ・ョ・ッ」の つく ことば② 81〜82ページ

1 省略

2 ①トラック ②ポケット
③キャラメル ④シャッター
⑤チョコレート ⑥リュックサック

クイズ ②

40 まちがえやすい かたかな 83〜84ページ

1 ①バケツ ②テント ③テレビ
④スキー ⑤コアラ ⑥アイロン
⑦タオル ⑧ソックス ⑨シンバル
⑩ヨット

2 ①タイツ ②シーツ ③バター
④ミルク ⑤パラソル ⑥コスモス
⑦クッション ⑧ボールペン

クイズ ①

アドバイス

1 「シ」と「ツ」、「ソ」と「ン」など、字形が似ているかたかなに注意させましょう。

2 字形が似ているかたかなに注意し、のばす音にも着目させましょう。

41 かくにんテスト② 85〜86ページ

1 ①テーブル ②ヨーヨー
③マフラー ④ピーナッツ
⑤ハーモニカ ⑥ロールケーキ
⑦バレーボール

2 ①ピザ ②パンダ ③ペダル
④ブーツ ⑤パンジー ⑥ペンギン

3 デパート・ラーメン（完答）

アドバイス

1 かたかなののばす音は、ひらがなののばす音と違い、「ー」（長音記号）で表すということを改めて確認させましょう。

2 「゛」と「゜」の両方をつけなければならない言葉に着目させましょう。